Lucy Woesthoff

Woman

S

A love letter to women everywhere.
Those living, those passed and those yet to be born.

Omslagontwerp & opmaak: Alexandra de Vries, Balthazar Studio
Omslagfoto en fotografie binnenwerk: Jouke Bos
Styling: Jetteke van Lexmond
Hair & Make-up: La Toya Velberg, Mitzy Malu Mudde
Foto pagina 54 & 115: Privébezit

ISBN 978 90 00 36703 0
ISBN 978 90 00 37217 1 (e-book)
NUR 450

Eerste druk, juni 2020
Tweede druk, juli 2020
Derde druk, juli 2020
Vierde druk, juli 2020
Vijfde druk, juli 2020

Spectrum maakt deel uit van Uitgeverij Unieboek | Het Spectrum bv,
Postbus 23202
1100 DS Amsterdam

www.spectrumlifestyle.nl

Spectrum Lifestyle Boeken
spectrumboeken

lucywoesthoff

Ik hoop dat dit boek net zo'n geschenk zal zijn voor jou als het is geweest voor mij.

Eigenlijk heb ik me nooit op mijn gemak gevoeld in de spotlights. En ik vind mezelf ook geen schrijver... Ik ben gewoon een vrouw die schrijft over haar reis tot nu toe. De reis die we uiteindelijk allemaal maken.

Dit is geen boek met antwoorden, maar met suggesties, een beetje zoals een vriendelijke, betrouwbare gids die jou naar de mooiste verborgen plekjes in jezelf hoopt te leiden.

Ik moet bekennen dat ik mezelf verraste toen ik begon te schrijven. Eerlijk gezegd dacht ik dat ik niet genoeg te vertellen zou hebben. Maar het creatieve proces is iets fascinerends, iets magisch, waardoor ik niet anders kon dan er met hart en ziel voor gaan. Dus dat is wat ik heb gedaan.

Je zult merken dat het een persoonlijk boek is, maar dat het in essentie niet echt over mij gaat. Het gaat over ONS.

Een liefdesbrief aan alle vrouwen. Levende vrouwen, overleden vrouwen en vrouwen die nog geboren moeten worden.

Ik hoop dat dit boek vragen bij je oproept. En ik hoop dat het je aanmoedigt en begeleidt op je pad. Bovenal hoop ik dat het je laat zien hoe speciaal je bent en dat het je inspireert om schoonheid, licht, liefde en lessen te vinden in alles wat je doet, waar je ook bent.

Fijne reis!
Liefs, Lucy

Before we start...

Als de wereld verdeeld is in cynische mensen en optimisten, dan is het voordat je verder gaat denk ik nodig dat ik je waarschuw dat dit boek geschreven is door een rasoptimist.

Optimisme betekent voor mij dat ik sneller complimenten geef dan kritiek. Dat ik geloof in het goede in de mens. Dat ik ervan overtuigd ben dat er meer is tussen hemel en aarde. Dat ik hoopvol ben. Dat ik geloof dat liefde altijd het antwoord is.

Als dit niet jouw ding is, *no hard feelings.* Ik wens je het allerbeste en wil je vanuit het diepst van mijn (hippie)ziel bedanken dat je mijn boek toch gekocht hebt.

Tegen mijn medeoptimisten zeg ik: *come on in,* fijn dat je er bent.

Omdat ik de afgelopen zestien jaar in Nederland heb gewoond en meestal Nederlands heb gesproken, manifesteren mijn gedachten, angsten en dromen zich vaak als een vreemde tweetalige milkshake, tot groot vermaak van mijn kinderen en tot verbazing van mijn Britse ouders. In dit boek vind je dan ook sporen van zowel mijn Britse roots als mijn geadopteerde Nederlandse thuis.

Hoewel ik nog steeds de voorkeur geef aan de poëzie en vloeken van mijn moedertaal, ben ik ook verliefd geworden op de duidelijkheid en efficiëntie van het Nederlands.

Op de volgende pagina's zul je sporen terugvinden van deze onverwachte liefdesaffaire. De meeste passages zijn vertaald, maar sommige woorden hebben de overtocht niet overleefd en dus heb ik ze toch in het Engels laten staan. Omdat ik denk dat het op die manier mooier en authentieker is, ook zodat je net iets duidelijker mijn stem kunt horen.

Chapters

A woman is like a tea bag, you never know how strong she is until she gets into hot water

– Eleanor Roosevelt

Setting the scene

IK WIL JE MEENEMEN NAAR 2004. Ik was 24 jaar oud en woonde in Londen. Het voelt als een ander leven en dat was het ook. Ik was single en *worked hard, played hard* als pr-manager in de muziekindustrie. Op een onopvallende dag aan het begin van de lente zou ik tijdens een vergadering een Nederlandse man ontmoeten, die niet alleen mijn *lover* en beste vriend zou worden maar nog later mijn zakenpartner, echtgenoot en vader van mijn kinderen. Zijn naam was Dinand.

Wat ik niet wist toen ik hem voor het eerst ontmoette, op die zonnige dag in april, was dat hij net weduwnaar was geworden toen zijn vrouw op 34-jarige leeftijd onverwacht was overleden, na een korte, felle strijd met borstkanker.

Ze had niet alleen een gebroken man, geschokte vrienden en familieleden achtergelaten (en later zou ik beseffen zelfs een heel land), maar ook een zoontje van slechts zes maanden oud.

Deze man en ik zouden jaren later grapjes maken over een bovennatuurlijke kracht die ons bij elkaar gebracht had, omdat het er op dat moment niet naar uitzag dat het iets zou worden tussen ons. De vooruitzichten waren somber, de emotionele obstakels die ons in de weg stonden enorm en het verdriet zat diep. Veel dieper dan ik toe wilde geven.

We voelden ons magnetisch tot elkaar aangetrokken, maar het was geen zorgeloze romance. Sterker nog, het was het grootste deel van de tijd onwijs moeilijk. Maar net wanneer we begonnen te denken dat het allemaal te veel was, werden we verrast, opeens, uit het niets, met een periode van simpel geluk. Fijne tijden die net zo moeiteloos en makkelijk waren als van een berg af fietsen. Ik weet nu dat dit het onverwachte, kronkelige pad van rouw, herstel en nieuwe liefde is, maar mijn jonge en onervaren ziel vond het allemaal nogal heftig.

Gelukkig liepen we vanaf het begin al over van liefde. Soms meer dan we zelf begrepen. Nu ik ouder ben geloof ik dat iets diepers ons dreef. Zielen die ermee hadden ingestemd om in dit leven, en misschien zelfs daarna, met elkaar verbonden te zijn. Een hogere macht die ons bij elkaar bracht, alsof het onderdeel was van een groter plan. Ik wist toen niet zeker wat het was, maar wel dat ik dit gezin wilde helpen helen en ook dat ik verliefd was. Dat was onze redding, mijn anker.

Het klinkt misschien raar, maar ik wist al heel vroeg dat ik de vrouw van deze man zou worden en de tweede moeder van zijn zoon, Dean. Ik voelde heel sterk dat wij bij elkaar hoorden. In de jaren die volgden, vonden wij langzaam maar zeker onze weg en deden we ons best om een veilige ruimte te creëren waar Dean en wij zelf in konden helen. We trouwden in 2009 en later zouden we de gelukkige ouders worden van nog drie kinderen.

Ik had er altijd van gedroomd om moeder te worden. Dat dit op 24-jarige leeftijd zo onverwacht zou gebeuren, zonder zelfs maar zwanger te zijn geweest, bleek een van de meest betekenisvolle ervaringen van mijn leven. Wat ik niet had verwacht, was dat ik een diepe en liefdevolle vriendschap met Guusje – de eerste vrouw van mijn echtgenoot – zou ontwikkelen. Ik heb haar bij leven nooit gekend maar in de afgelopen zestien jaar heb ik haar alsnog leren kennen en ben ik van haar gaan houden als van een zus. Ik ben ervan overtuigd dat zij mij heeft gekozen om in het leven te stappen dat ze achterliet en dat ze me al die tijd begeleid en gesteund heeft wanneer ik het moeilijk had. Dat zij het mogelijk heeft gemaakt dat ik nu ben waar ik ben; gesetteld en gelukkig. Dit boek is dan ook een gevolg van haar liefdevolle invloed.

Dankjewel Guusje. Op jou!

Courage, dear heart

– C.S. Lewis

Lieve Lucy,

JE BENT PAS 24 EN ALS JE 'Ik ben verliefd op een weduwnaar' googelt, verschijnt er een nogal deprimerende lijst met artikelen en linkjes op je beeldscherm. Als je het zo bekijkt, lijkt het opeens allemaal niet zo'n goed idee, maar laat je niet ontmoedigen. Ik ga je helpen.

Er gaan elke dag mensen dood, waardoor partners (en echt niet alleen oudere) achterblijven. Maar er lijken helemaal geen goede raadgevers te zijn die de nieuwe partners begeleiden. En al helemaal geen bronnen die het soort advies geven waarvan ik denk dat ze dat het hardst nodig hebben; advies dat niet alleen praktisch is, maar ook invoelend en lief.

Weet je, de sleutel tot succes is om je eigen ego opzij te kunnen zetten. Of in elk geval – en dit bedoel ik niet lullig – zover opzij als je eigen, onvolwassen zelf dat toelaat. Wees erop voorbereid dat er meer dan genoeg egoïstische en zwakke momenten zullen zijn, je bent tenslotte geen heilige, maar wees er ook op voorbereid dat je zult groeien op manieren die je nooit voor mogelijk had gehouden.

Het is ook verstandig om er rekening mee te houden dat je sommige dingen zult moeten opofferen. Misschien wel meer dan je lief is, dus je moet dit alleen doen als je echt verliefd bent en ervan overtuigd bent dat dit je lot is. Maar je hoeft geen twijfels te hebben want dan ben je en dat is het.

Je bent jong, je leeft, en daar voel je je waarschijnlijk schuldig over. Het fysieke bewijs van je levende, ademende aanwezigheid lijkt zout in de collectieve wond te strooien en toch is dit de harde realiteit. Daar kan jij of iemand anders niks aan veranderen. Hiervoor is tijd nodig en heel veel geduld, vooral van jou. Je kunt zijn vrouw niet vervangen en je zult je realiseren dat je dat ook niet wilt.

De waarheid is dat mensen veel verdriet hebben, jouw nieuwe partner waarschijnlijk nog het meest. Familie en vrienden kunnen het moeilijk vinden dat jij ineens ten tonele bent verschenen en twijfelen misschien zelfs aan je goede intenties. Ik weet dat het pijnlijk is, maar probeer dit niet als een persoonlijke aanval te zien, het gaat niet om jou.

Naast de diepe liefde die je voelt, bevind je je in een complexe, emotionele situatie waarin je niet echt kunt winnen, omdat je heel veel niet in eigen hand hebt. Het goede nieuws is dat je wél controle kunt uitoefenen op je eigen gemoedstoestand en intenties. Maak daar gebruik van. Je vriendelijkheid is je kracht en je empathie je kompas.

Ik wil er bij je op aandringen dat je oprecht en medelevend moet zijn in alle keuzes die je maakt. Laat die negatieve stemmetjes in je hoofd los en focus liever op het positieve geluid van je hart. Dat zal alles op je weg zoveel makkelijker maken en zoveel meer voldoening geven.

Onthoud dat je de herinnering aan de vrouw die voor jou kwam in ere moet houden. Eer de relatie die ze met je partner had en omarm haar als de vrouw die ze was en is. Dit is een heel makkelijke keuze om te maken en je zult zien dat je je meteen beter voelt zodra je dat gedaan hebt. Vertrouw mij nou maar, ik weet waar ik het over heb.

Als je mijn advies opvolgt, zul je minder verdriet, meer liefde en een diepere connectie vinden. Een diepere connectie met je partner, een diepere connectie met jezelf en, verrassend genoeg, misschien zelfs een spirituele connectie met een vrouw die je nooit hebt ontmoet en niet hebt gekend. Ze staat aan jouw kant. *Take her hand.*

Onthoud, tot slot, dat alle goede dingen tijd nodig hebben.

En terwijl je wacht op de tijd die zijn werk doet, blijf je gewoon je hart volgen. Doe gewoon wat goed voelt. Uiteindelijk zal alles op zijn plek vallen.
En als het eenmaal zover is, zul je het voelen en weten dat je geduld is beloond.

Je zult gelukkiger en wijzer zijn.

Bovenal, zal je vrij zijn.

Liefs,
Lucy

We all start as strangers

For the love of women

ALS IK DE KANS ZOU KRIJGEN om nog één laatste liefdesbrief te schrijven in mijn leven, dan zou ik die opdragen aan mijn *fellow woman.* Mijn keuze lijkt misschien een beetje vreemd, maar mijn motivatie is makkelijk uit te leggen. Het is simpel: ik hou gewoon van ons, vrouwen, en ik denk dat we het verdienen om vaker te horen hoe geweldig we zijn. Punt.

In mijn ogen zijn vrouwen prachtig en mysterieus en fascinerend om te observeren. Ik doe het graag, niet uit nieuwsgierigheid, maar uit bewondering. Oprechte, onderzoekende, wat-motiveert-jou?-bewondering. Oké, oké, ik geef het toe, ik ben verslaafd aan vrouwelijke kracht.

Mijn verslaving krijgt haar kick door te leren over vrouwen, te genieten van kunst van vrouwen en door vrouwen te ontmoeten. Maar ik ben niet alleen een heimelijke bewonderaar van vrouwelijke kracht. Ik geef de liefde graag terug waar ik maar kan. Graag deel ik mijn solidariteit, ook geef ik graag complimentjes, meestal aan willekeurige vrouwen die ik niet ken. En op mijn beurt hecht ik dan ook meer waarde aan een compliment dat ik van een vrouw krijg dan een van een man. Het voelt op de een of andere manier waardevoller en vleiender.

In het verleden hebben sommige mannen mijn interesse in vrouwen weleens verkeerd begrepen en er opmerkingen over gemaakt (wat nogal ironisch is als je kijkt naar hun eigen interesse in vrouwelijk schoon), waarbij ze ervan uitgingen dat het een soort jaloerse dwangmatigheid was, alsof ik constant de vijand in de gaten hield. Terwijl mijn gestaar naar vrouwen eigenlijk altijd voortkomt uit bewondering. Ik bekijk vrouwen graag van een afstand, maar wat ik het allerliefste doe is een vrouw beter leren kennen en haar waarderen om wie ze écht is in plaats van om haar uiterlijk of om wat ze kiest om met de wereld te delen. En als ik de mogelijkheid krijg om een vrouw echt te leren kennen of haar lief te hebben en te steunen, voelt dat als voeding voor mijn ziel. Alsof ik onbedoeld mezelf ook steun en liefheb.

Ik denk dat ik gewoon een heel diep respect heb voor mijn *fellow women.* Ze zijn mijn inspiratie. Jonge vrouwen die nog aan het begin van hun leven staan, oudere vrouwen die steeds wijzer worden, zwangere vrouwen, moeders, zussen, dochters en grootmoeders. Ik wil van hen allemaal leren.

Ik ben niet altijd zo gul geweest met mijn waardering en ben ook niet naïef als het aankomt op hoe hard vrouwen voor elkaar kunnen zijn. Laten we daar eerlijk over zijn, we zijn nu eenmaal gecompliceerde wezens en we hebben het niet makkelijk. Maar voor mij is mijn liefde voor vrouwen een proces dat hand in hand is gegaan met ouder worden, de bewustwording van de uitdagingen waar vrouwen mee worden geconfronteerd en mijn eigen spirituele ontwaken.

Toen ik jonger was, werd ik vaak meegesleurd in het lelijke denkbeeld dat andere vrouwen sowieso niet aan mijn kant stonden en dus niet te vertrouwen waren. Dat ik op de een of andere manier met ze concurreerde. Dat de schoonheid van een andere vrouw afbreuk deed aan de mijne. Het grappige is dat ik, hoewel dit een gegeven leek, tegelijkertijd heel diepe en liefdevolle vriendschappen met vrouwen had, die compleet contrasteerden met alles wat ik in de media en om mij heen hoorde, las en zag. Als tiener zat ik op een meisjesschool en hoewel sommige meiden inderdaad niet zo aardig waren, was het, tegen de verwachtingen in, geen wespennest van bitcherigheid en *cat fights*. Wat ik me vooral herinner uit die tijd zijn de mooie vriendschappen en de emotionele verbindingen die ik daar opgebouwd heb. Vriendschappen die tot op de dag van vandaag bestaan.

Hoe ouder ik word, hoe meer ik besef dat het idee dat vrouwen elkaar niet uit kunnen staan hopeloos ouderwets is en misschien nooit helemaal waar was. Zijn alle vrouwen aardig tegen elkaar? Nee, maar zijn mannen dat wel? Zijn vrouwen van nature geneigd om gemeen tegen andere vrouwen te zijn of is dat het resultaat van eeuwenlang gebrainwasht worden met het idee dat we met elkaar moeten concurreren? Dat we niet te vertrouwen zijn? Dat er regels zijn die moeten worden nageleefd, en dat we alert moeten zijn en hard moeten optreden tegen degenen die ze niet opvolgen? Het is een verraderlijk pad van regels en verwachtingen. De druk op onze schouders is enorm.

Misschien heb ik wel gewoon heel veel geluk gehad met de relaties en vriendschappen die ik heb, maar ik blijf een verstokte optimist als het aankomt op wat wij voor elkaar kunnen betekenen, omdat het overgrote deel van de interacties dat ik met vrouwen heb zeer positief is en ik weiger te geloven dat ik daar uniek in ben.

Als je een groep vriendinnen bij elkaar brengt, zijn ze krachtig, dynamisch, een *force of nature*. Heb je weleens een groep vrouwen gezien die het voor elkaar opnam? Hebben we niet allemaal weleens een moment van kameraadschap meegemaakt op een late zaterdagavond in het damestoilet van een club? Wanneer we onverwacht een tampon nodig hadden of advies gaven aan een verdrietige vreemde ('Dump hem!') of wanneer we eeuwige trouw zwoeren aan iemand die we pas net hadden leren kennen en met wie we een dronken sigaretje deelden. Ik weet dat het allemaal romantisch en misschien ook komisch klinkt, maar ik geloof dat de essentie van onze verbinding in deze onbewaakte, kwetsbare momenten ligt.

Als ik om me heen kijk, zie ik dat veel vrouwen een tegenstrijdige relatie hebben met andere vrouwen. Een onderliggend gevoel van rivaliteit en behoedzaamheid dat gepaard gaat met een diepe liefde voor, en afhankelijkheid van, de vrouwen die het dichtste bij ons staan. Misschien komt het doordat vrouwen door de eeuwen heen zoveel hebben moeten doorstaan, dat het trauma van onze *foremothers* doorklinkt in onze levens nu, dat wij ondanks onze strubbelingen toch de behoefte voelen om elkaar instinctief te steunen.

Of misschien is het omdat we ons zeer bewust zijn van hoe gevaarlijk het nog steeds is om überhaupt een vrouw te zijn. Verbinding door kwetsbaarheid. Een stille solidariteit met, en pijnlijk begrip van, hoe het voelt om te moeten vrezen voor je eigen veiligheid. De verbondenheid die je voelt omdat je zelf ook hebt meegemaakt hoe dat shot adrenaline door je lijf giert als je door dat laatste donkere steegje loopt en onvermijdelijk richting je voordeur rent, aangespoord door instinct, met je sleutels tussen je vingers geklemd terwijl je over je schouder kijkt. Het gevoel van lieve en tedere *sisterhood* is een eenvoudig 'App je me even als je thuis bent?' aan het einde van de avond. We zijn niet gemeen. We letten op elkaar. We zijn een team.

Een groep vrouwen die relaxed en open bij elkaar komt, is een prachtig gezicht. Er ligt een oude, wijze kracht ten grondslag aan de manier waarop we verbinding met elkaar maken, aan hoe we naar elkaar kunnen luisteren en hoe we elkaar kunnen troosten ondanks cultuur- en taalverschillen. Als er vertrouwen is dan zal vrouwelijke kracht naar de oppervlakte borrelen als opgesloten lucht die vrijkomt. Empathie, (com)passie, samenwerking, veerkracht, humor en kracht. De wilde vrouw in ons allemaal komt soms ook bovendrijven, onvoorspelbaar en ongetemd. Heerlijk! Vrouwen die samen plezier maken is gewoon iets aards… In bijna alle culturen komen vrouwen samen om elkaar in vertrouwen te nemen, te baden, te troosten, te helen, te dansen en – het allerbelangrijkste – om te lachen. Vaak om mannen. Sorry mannen, zo is het nu eenmaal.

Is elke vrouw dan een potentiële vriendin of bondgenoot? Ik hoop van wel, maar helaas is dat toch niet altijd het geval... Dit is echter niet uniek voor vrouwen, dit is menselijk. We zijn toch (nog) niet zo verlicht.

De waarheid is dat ook ik ben gekwetst door vrouwen. Het verraad van een goede vriendin is een van de pijnlijkste dingen die ik ooit heb meegemaakt, veel pijnlijker dan iets wat een man me ooit heeft aangedaan. Het deed pijn omdat ik van haar hield (ja, meer dan van hem). Het deed pijn omdat ik meer van haar had verwacht. Het deed pijn omdat dat het einde betekende van onze vriendschap zoals die tot dan toe was geweest. Toch liet ik mijn mening over vrouwen en mijn vertrouwen in vriendschappen en relaties er niet door beïnvloeden. Waarom zou ik ervoor kiezen om vast te houden aan zo'n negatieve ervaring als daar zoveel positieve ervaringen tegenover stonden?

Als ik merk dat ik een vrouw niet leuk vind of haar wil veroordelen, stel ik mezelf liever de vraag waar mijn reactie, mijn oordelen en emoties vandaan komen. Welk deel van mijn ego en onzekerheid heeft ze getriggerd? Is mijn oordeel gebaseerd op iets wezenlijks? Of word ik gewoon meegezogen in het eeuwenoude spel van mijn onzekerheden, angsten en frustraties op iemand anders projecteren? Hoe zijn we zo kwetsbaar geworden dat de manier waarop een vrouw eruitziet of hoe ze haar leven leeft een negatieve invloed heeft op hoe we naar onszelf kijken? Zijn we echt jaloers of zijn we eigenlijk verwarde bewonderaars? Ongeacht het antwoord wil ik mijn *fellow woman* een eerlijke kans geven. Ik wil contact met haar maken op een integere manier. Ik wil haar echt leren kennen en dat zij mij leert kennen, zonder de tussenkomst van onzekerheid en angst.

Ik denk dat ik hier niet alleen in sta. Ik denk dat de meesten van ons oprecht open en vriendelijk willen zijn, maar dat het ook makkelijk is om onze verbondenheid uit het oog te verliezen. Het leven is zwaar en de stress zit hoog, maar de wereld verandert en ik geloof dat we elkaar nu meer nodig hebben dan ooit tevoren. Als we ervoor kiezen om in die vicieuze cirkel van ingebeelde rivaliteit en de onbedwingbare behoefte om te oordelen te blijven, geloof ik dat we onszelf in de voet schieten. We voeden het onterechte beeld dat vrouwen het zwakkere geslacht zijn. Een mythe die in ons collectieve bewustzijn is verankerd, niet vanwege onze kleinere spiermassa maar vanwege onze neiging om elkaar naar beneden te halen. Stel je voor wat we zouden kunnen bereiken als we zouden leren om onze angsten te laten varen en in plaats daarvan ervoor zouden kiezen om verbinding te maken, lief te hebben, elkaar te ondersteunen en samen te lachen, net zoals we met onze vriendinnen doen.

Daarom probeer ik nu de cirkel te doorbreken voordat hij ontstaat. Ik herinner mezelf aan de feiten: vrouwen zijn niet mijn vijand. Ik weiger mee te doen aan een denkbeeldige wedstrijd met andere vrouwen en ik wil al helemaal geen andere vrouw afbranden om zelf beter uit de verf te komen of om me beter te voelen. Ik zeg ook niet meer dat vrouwen over het algemeen gemeen tegen elkaar zijn. Door het hardop uit te spreken, heb ik het gevoel dat ik het in stand houd, net zoals een roddel steeds krachtiger wordt elke keer als iemand hem nieuw leven inblaast. In plaats van verdeeldheid verspreid ik veel liever de boodschap van liefde en vriendschap. Ik geloof dat ik zal oogsten wat ik zaai.

Het goede nieuws is, het is nooit te laat om het tij te keren.

Daarom raad ik je aan om je zoveel mogelijk te omringen met positieve, inspirerende, warme vrouwen. Vrouwen die je aan het lachen maken, vrouwen die je aan het denken zetten en vrouwen met wie je kunt huilen. Het hoeven er niet veel te zijn, ik geloof heilig in kwaliteit boven kwantiteit en dat geldt al helemaal voor vriendschappen. En niet elke vriendschap hoeft even hecht of intens te zijn. Zoek uit wat voor jou werkt en wat goed voelt... Het zou in het echte leven kunnen zijn, het zou online kunnen zijn, het maakt eigenlijk niet uit, maar *show your fellow female some love.* En als je hier ooit mee struggelt, weet dat je in mij altijd een vriendin zult vinden.

I'll tell you what freedom is to me. No fear

– Nina Simone

Believe
in
yourself

EEN VAN DE BELANGRIJKSTE LESSEN die ik nog altijd aan het leren ben is om in mezelf te geloven. Ik heb hier nog steeds moeite mee, ook al heb ik genoeg ervaring om te weten dat als het erop aankomt, ik het juiste zal doen.

Nee, voor mij was de grootste barrière niet wie ik was, maar wie ik dacht *niet* te zijn.

Nu zie ik in dat ik mezelf lang in de weg heb gestaan, dat ik me heb schuilgehouden achter een sociaal geaccepteerde sluier van verlegenheid.
Ik denk dat ik, als het erop aankwam, zeer sterk het gevoel had dat ik niet goed genoeg was om in de spotlights te staan. Een subtiel, maar permanent *imposter syndrome* beïnvloedde alle keuzes die ik maakte. In plaats van het risico te lopen dat al mijn kwetsbaarheden aan het licht kwamen, werd ik een expert in het vermijden van situaties die me te veel aandacht zouden opleveren. Want aandacht betekende negatieve meningen en kritiek en ik wilde – als ik heel eerlijk ben – alleen maar leuk gevonden worden.

Ik dacht dat ik niet wist waar die hang naar acceptatie en de behoefte om het iedereen naar de zin te maken vandaan kwamen. Maar nu zie ik dat ik, zoals de meeste vrouwen, ben beïnvloed door de wens om geaccepteerd te worden. Mijn eerste relaties, hoe mijn familie met elkaar omging en de manier waarop ik ben opgevoed hebben allemaal hun stempel op mij gedrukt. En hoewel we allemaal op onze eigen, unieke manier helen, weet ik dat ik niet de enige ben die twijfelt aan zichzelf. Je hoeft in de boekwinkel alleen maar even de planken met zelfhulpboeken te scannen om erachter te komen dat 'het iedereen naar de zin willen maken' vooral een vrouwelijke eigenschap is. Herkenbaar?

Mijn eigen versie van geloven in mezelf, of om precies te zijn, het gebrek aan geloof in mezelf is een simpel patroon dat zichzelf in de loop der tijd steeds weer herhaalt. Geen drama's, geen hoge pieken of diepe dalen, maar gewoon een staat van milde ongemak, een laag gebrom van twijfel. Een terughoudendheid om uit mijn eigen comfortzone te stappen. Een aversie tegen risico.

Ik ben pas recent begonnen om het patroon actief te doorbreken en om mezelf los te weken van die lange, nogal giftige relatie van aan mezelf twijfelen.

Ik had gewoon genoeg van mezelf, realiseerde me dat ik mijn tijd aan het verdoen was en dat in het grote geheel der dingen niet alles even belangrijk is. Simpel gezegd: mijn prioriteiten veranderden.

Ik weet zeker dat het moederschap hier een belangrijke factor in is, maar de grootste katalysator is ouder worden. Een verhelderend besef dat tijd niet oneindig is en nooit is geweest. Ouder worden is niet allemaal leuk natuurlijk, maar in de essentie zie ik het als een prachtig proces. Een van de mooie dingen ervan is dat het je ongelimiteerd toegang geeft tot een waanzinnig effectief middel (dat ik liefkozend mijn fuck-itfilter noem) dat je kan helpen om te beslissen hoe belangrijk iets echt voor je is en hoe hoog het op je prioriteitenlijstje komt in je drukke en uitdagende leventje. Het is super-efficiënt en het is onlosmakelijk verbonden met het idee dat je snel ouder wordt en dat tijd zowel kostbaar als schaars is, iets waar je jongere zelf zich nooit zo mee bezighield.

Mijn filter werkt op basis van een regel die ik online heb ontdekt, de '5 x 5-regel'. Hij is bijzonder makkelijk toe te passen. Vraag jezelf, in wat voor situatie je je ook bevindt, of deze situatie er over vijf jaar nog steeds toe doet en/of invloed op je heeft. Als dat niet het geval is, besteed er dan niet meer dan vijf minuten aan. Klinkt simpel en dat is het ook. Misschien moet je in het begin oefenen, maar het werkt uiteindelijk altijd. Je kunt deze regel letterlijk op alles loslaten, of dat nou een situatie, persoon of angst is. Dan weet je meteen hoe belangrijk iets voor je is.

Wanneer je dit eenvoudige hulpmiddel combineert met de wetenschap dat je tijd op deze planeet beperkt is en dat jouw eigen geluk (meer dan ooit tevoren) het belangrijkste is, dan geeft dat niet alleen duidelijkheid, maar ook richting. Het enige wat je nu nog hoeft te doen is ernaar handelen. Makkelijk, toch?

Het is jammer dat we eerst op ons bek moeten gaan en moeten struggelen, en in mijn geval rimpels krijgen, voordat dit toch wel *basic* concept eindelijk echt tot ons doordringt. Ik weet zeker dat er genoeg voorbeelden zijn van mensen die met deze wijsheid geboren zijn en hier dus later niet zo hard aan hoeven te trekken, maar daar ben ik er dus niet een van.

Als ik terugkijk heb ik een groot deel van mijn jaren als twintiger verspild aan me zorgen maken om onzin en wat ik niet kon in plaats van mezelf te pushen om te kijken wat ik allemaal wél kon en gewoon van mijn leven te genieten. Als ik in een contemplatieve bui ben, geloof ik graag dat dit precies het punt was.

Als je een tijd hebt geleden door je eigen toedoen – want dat is tenslotte wat angst en onzekerheid zijn: zelfkastijding – is de impact en openbaring die geloven in jezelf en het stellen van de juiste prioriteiten hebben extra indrukwekkend en zoet. Er overheerst een duidelijk gevoel dat je struggles niet voor niets zijn geweest en dat die een noodzakelijke pitstop waren op weg naar je volgende bestemming. Een van mijn favoriete spiritueel leraren, Eckhart Tolle, zegt dat we lijden nodig hebben om te groeien, net zoals je in de sportschool weerstand nodig hebt om je spieren te laten groeien. Het voelt logisch, althans voor mij.

Dus hier sta ik, ouder te worden, mijn spirituele spieren te trainen en mijn fuck-itfilter overuren te laten draaien. Ik focus me steeds minder op de buitenkant en richt mijn aandacht naar binnen, naar de echte ik. Wie ben ik? Wat maakt me gelukkig? Wat zou ik doen als ik wist dat ik niet kon falen?

Ik probeer niet te denken aan wat ik niet ben en stop al mijn energie in de persoon die ik wil WORDEN.

Ik heb geleerd dat zelf de touwtjes in handen hebben beter is dan geen controle hebben, zelfs als je doodsbang bent, en langzaam, maar assertief zijn ten opzichte van mezelf heeft me ook de mogelijkheid geboden om te groeien en om wat milder naar mezelf te kijken. Ik ben me ervan bewust dat ik geen passieve bijrol heb, maar dat ik de schrijver, producer, regisseur én hoofdrolspeelster ben van mijn eigen film en ik omarm het.

Het schrijven van dit boek was als een soort exorcisme voor me, want een boek schrijven betekent – net zoals alle persoonlijke dingen die je met de wereld deelt – dat je je kwetsbaar opstelt, helemaal als je iemand bent (geweest) die het mensen graag naar de zin maakt. Je gevoelens, herinneringen en gedachten kunnen andere mensen triggeren en die hebben daar dan een mening over. Een mening over jou. En laten we eerlijk zijn, dat is toch doodeng?!

Ik was er nog niet helemaal zeker van of ik mezelf wilde laten bekritiseren door mensen die ik niet ken. Ik wil niet eens bekritiseerd worden door mensen die ik wél ken! Toch wist ik dat dit het engste ding zou worden waar ik toch ja tegen ging zeggen. Een dieper deel van mij wist dat als ik eerlijk zou zijn over mijn gedachten en vanuit mijn hart zou schrijven, ik ervoor beloond zou worden. Niet met succes en bewondering, maar door mezelf. Het zou een persoonlijke overwinning zijn en elke overwinning, hoe klein ook, draagt bij aan je nieuwe zelf en voor je het weet heb je je oude ik achter je gelaten.

Dit boek is daarom eigenlijk onderdeel van een oefening, een oefening in geloven in jezelf. Een spirituele bezigheid waar ik me aan overgegeven heb. Om mezelf te trainen begon ik ja te zeggen tegen verzoeken, uitdagingen en voorstellen, zelfs wanneer ik eigenlijk nee wilde zeggen. Langzaam pelde ik de lagen van mijn identiteits-ui af om de echte ik te vinden. Wilde ik nee zeggen omdat ik het niet wilde? Of omdat ik bang was? Hoe ver kon ik gaan? Wie ben ik? Waar ben ik echt goed in?

Mijn doel was simpel:

Mezelf uit mijn comfortzone halen en als het niet lukt mijn angst onder controle te krijgen, iets doen terwijl ik bang ben.

Of, om een van mijn favoriete mantra's te herhalen:

Fuck fear.

Het is geen makkelijk proces geweest. Dat is het nog steeds niet. Je eigen angsten onder ogen zien maakt ook veel dingen los waar je nog niet mee gedeald hebt en brengt behoorlijk wat stress met zich mee. Maar het resultaat is geweldig. Elke keer dat je iets doet dat je eng vindt, valt er een stukje angst weg. Het is als een pijnstiller die de scherpe randjes van de pijn haalt en voordat je het weet, heb je die pil helemaal niet meer nodig.

Een van mijn favoriete schrijfsters, Elizabeth Gilbert, heeft het in haar boek *Big Magic. Creative Living Beyond Fear* over de onvermijdelijke rol van angst in het creatieve proces. Ze vertelt hoe zij, voordat ze aan wat voor creatieve taak dan ook begint, visualiseert hoe ze haar angst toespreekt, aan hem uitlegt wat ze gaat doen, waar ze naartoe gaat en ferm en vriendelijk zegt dat hij met haar mee mag, maar dat hij het niet voor het zeggen heeft.

Deze wijsheid kan in elke situatie waarin angst zijn compleet normale maar lelijke kop opsteekt, toegepast worden. Het is niet het geheim dat alleen door creatievelingen wordt gehanteerd, dit is een les voor ons allemaal. Als je iets wilt en angst staat je in de weg, nodig hem dan vriendelijk uit om mee te gaan. Angst is ook een belangrijk onderdeel van het proces, hij hoeft het alleen niet (meer) te leiden.

Een goed recent voorbeeld van mijn eigen worstelingen was mijn rol als spreker bij een event voor een publiek van zo'n 500 vrouwen. Terwijl dat voor sommige mensen niet zo'n *big deal* is, was ik op van de zenuwen. Ik had last van koud-zweet-uitbraken, slapeloosheid, kortademigheid en ik zag steeds voor me hoe ik op het podium door de nervositeit in elkaar zou zakken. In de week voor het event draaiden mijn gedachten overuren en was ik letterlijk ziek van angst. Het enige wat me erdoorheen heeft geholpen was de wetenschap dat er geen weg terug was. Ik kon er niet meer onderuit, ik had het al beloofd. De organisatie rekende op me en, nog afgezien van het feit dat ik er niet van houd om mensen teleur te stellen (ik zei toch dat ik een pleaser was), wist ik dat ik mezelf zo teleur zou stellen dat ik er nooit meer overheen zou komen als ik af zou haken.

In het openbaar spreken lag zeker buiten mijn comfortzone, maar wat ik echt graag wilde weten was of ik zo bang was omdat ik het niet in me had of omdat ik bang was mijn angsten onder ogen te zien en mezelf zodoende te dwingen om te groeien.

Het bleek dat laatste te zijn. Ik kon het wél. Ik heb het gedaan en wat mij nog het meest verraste was dat ik het nog leuk vond ook. Waar had ik me zo druk om gemaakt?

Eigenlijk was het mijn ego dat zich zo druk had gemaakt, het stuk dat aan mijn oude ik hing, de versie van mezelf die überhaupt nooit ja had gezegd tegen dit aanbod. Het deel van mij dat niet geloofde dat ik het kon.
Ben ik nu een bevrijde en onverschrokken spreker in het openbaar? Nee. Helemaal niet zelfs. Maar ik begrijp mezelf nu beter en heb beter zicht op wat ik allemaal kan en hoe mijn geest werkt. Het is een begin.

Door mezelf te dwingen om enge dingen te doen, leer ik veel over mezelf. Ik weet nu dat ik dingen kan waarvan ik dacht ze niet te kunnen. Ik weet nu dat ik dingen kan waarvan ik dacht dat ik ze niet wilde doen. Ik weet nu dat angst een natuurlijke emotie is en ik schaam me er niet meer voor. Tegelijkertijd heb ik geleerd dat als iets stressvol blijft en het ook op den duur niets positiefs wordt, het niet voor mij is en dan mag ik er, zonder er nog verder bij stil te staan, mee stoppen. De afwezigheid van spijt is een geweldig gevoel. Ik wil een gelukkig leven leiden en kies daarom heel zorgvuldig waar ik mijn energie aan besteed. Een kleine uitdaging hier, een beetje uit mijn comfortzone daar, maar bovenal kies ik voor geluk. En dat geluk vind ik in ontwikkeling.

Ik heb tijdens dit hele proces duidelijk het touwtrekken gevoeld tussen mijn ego en de persoon die ik aan het worden ben. In situaties die echt eng of confronterend waren, zette mijn ego grof geschut in. Dan kwam ze met oude patronen van angst en onzekerheid op de proppen, zodat ik niets nieuws zou proberen, verleidelijk in mijn oor fluisterend dat het misschien toch beter was om niet verder te gaan. Niet omdat mijn ego niet wilde dat ik zou slagen, maar omdat het er niet zeker van was dat ik het kon en me probeerde te behoeden voor mogelijk gevaarlijke situaties waarin ik voor schut zou staan of die – de horror! – mijn reputatie misschien zouden schaden. Als je erover nadenkt is dat natuurlijk heel goed bedoeld, een beetje zoals een overbezorgde ouder die in je hoofd woont, een overlevingsmechanisme dat in werking treedt, maar dat is geen omgeving die groei stimuleert.

Nu we het over ego hebben, moet ik toegeven dat het echt fascinerend is. Ik heb altijd gedacht dat alleen arrogante en zelfverzekerde mensen een ego-probleem konden hebben. Mensen die graag in het middelpunt van de belangstelling staan en die graag opscheppen. Maar nadat ik *A New Earth* van Eckhart Tolle had gelezen, ben ik tot de nogal ongemakkelijke conclusie gekomen dat mijn verlegenheid en onzekerheid ook vormen van ego zijn. Een soort omgekeerd narcisme. Tolle legt uit dat elke gedachte die jou je beter of juist minder dan een ander laat voelen, allemaal ego is. De continue monoloog van het ego is niet de waarheid, maar een projectie, gedreven door aannames en gemotiveerd door angst. Zijn doel is om je van de mogelijkheid in je handen af te leiden. Om je ten koste van alles 'veilig' te houden, zelfs als dat betekent dat ie tegen je liegt. De obsessie van het ego met de eigen overleving leidt constant af van wie je echt bent en belemmert je dus om je volle potentie te bereiken. Het klinkt vermoeiend en dat is het ook. Het goede nieuws is dat je de cirkel kunt doorbreken door simpelweg te observeren hoe je ego werkt. Zelfs door dit te lezen, laat je een licht schijnen op het gedrag van je ego en hoe meer licht je er op schijnt, hoeveel zwakker zijn invloed wordt.

'Je zou je waarschijnlijk een stuk minder druk maken om wat mensen van je denken als je wist hoe zelden ze dat deden.'
– Olin Miller

Nadat ik me een groot deel van mijn leven druk had gemaakt over wat mensen van mij vonden, was ook dit concept een echte eyeopener. Mensen denken in de verste verten niet zo vaak aan jou als jij denkt dat ze doen. We zijn nu eenmaal niet zo belangrijk en de meningen van anderen zouden dat ook niet moeten zijn. We doen allemaal maar wat. We doen ons best en de positiviteit of negativiteit die je opvangt, heeft maar zelden te maken met jou. Het is gewoon een weerslag van hoe de mensen om jou heen zich op dat bepaalde moment voelen.

Toen ik eenmaal begon te beseffen dat je niets in het leven persoonlijk op moet vatten, werd het opeens veel makkelijker om me op mezelf te focussen.

Een van mijn favoriete uitspraken is; *what other people think of me is none of my business.* Ik herinner mezelf eraan wanneer ik voel dat mijn focus verschuift.

Dus daarom zit ik nu hier dit boek te schrijven, op mijn creatieve reis, met angst aan boord, maar niet aan het roer, geïnspireerd door de overtuiging dat alles wat je kwetsbaar maakt slecht is voor het ego en daarmee goed voor de ziel.

Hemingway zei: 'Schrijven is niet moeilijk. Het enige wat je hoeft te doen, is achter je typemachine te zitten en te bloeden.'

Je hoeft geen schrijver te zijn om te begrijpen wat hij daarmee bedoelde. Volgens mij gaat dit citaat over het idee dat de dingen die het beste in ons naar boven halen, die de volle potentie laten zien van wie we zijn en wat we kunnen, vaak voortkomen uit volledige eerlijkheid en authenticiteit. En zoals het een mijnwerker bloed, zweet en tranen kost om zijn edelstenen te delven, kost het ons vaak ook bloed, zweet en tranen om de beste versie van onszelf te zijn. Het proces is pijnlijk, maar het eindresultaat maakt het allemaal de moeite waard. Het doet me een beetje denken aan bevallen. Of spreken in het openbaar...

Gelukkig hoef je geen boek te schrijven om jezelf te bevrijden van twijfels en angsten. Ik heb geleerd dat de enige wat je hoeft te doen is het negatieve, overbezorgde stemmetje in je hoofd te erkennen en kleine uitstapjes buiten je eigen veilige plekje te zetten, net zolang totdat je klaar bent om ver buiten je comfortzone te treden. Wat je ook kiest, zorg ervoor dat angst op de achterbank zit en onthoud dat we er niet voor gemaakt zijn om álles te kunnen. We zijn allemaal uniek en hebben allemaal andere talenten. Wat telt is dat je er staat wanneer het nodig is en dat je het probeert. Alleen dan kom je erachter wat je doel hier is en hoe ver je echt kunt gaan.

A few things I wished I'd known when I was younger:

1. Stop worrying,
most of it doesn't matter.

2. You're not meant to have it all figured out.

3. There are more important things
in life than romance.

Keep your face always toward the sunshine – and shadows will fall behind you

– *Walt Whitman*

Unexpected friendships

IK HEB HET GELUK GEHAD dat ik heb mogen leren dat je onverwachte, ongewone vriendschappen moet koesteren, helemaal als ze vrouwen samenbrengen in onverwachte en moeilijke situaties. Ik heb gezien hoe vrouwen die tegen alle verwachtingen in samenkomen, veerkracht, empathie, compassie, liefde en lol beleven. Dit is voor mij de definitie van onze vrouwelijke kracht.

Ik heb mijn vriendschappen altijd ontzettend gewaardeerd en ik ben altijd gezegend geweest met diepgaande vrouwenvriendschappen, maar als je zestien jaar geleden gezegd zou hebben dat ik een dergelijke vriendschap met Guusje zou hebben, dan denk ik niet dat ik je geloofd zou hebben. Niet omdat ik dat niet wilde geloven, maar omdat ik toen als 24-jarige niet het idee had dat zoiets überhaupt haalbaar was. Onmogelijk door de verwachtingen die andere mensen hadden en door de kloof die tussen ons in stond. De kloof tussen leven en dood.

Rond die tijd werd mij vaak gevraagd – vaak door mensen die ik niet echt goed kende – of ik jaloezie voelde. Voelde ik me niet bedreigd? Maakte ik me geen zorgen om het feit dat mijn vriend van haar hield? De waarheid was dat hij inderdaad van haar hield en ik hield van hem omdat hij van haar hield... Wat vanbuiten complex leek, bracht me tot een van mijn eerste verrassende en simpele conclusies: dat ons kleine wereldje meer dan genoeg ruimte bood om deze twee liefdes naast elkaar te laten bestaan. Een liefde die transformeerde met tijd, maar die de ander niet uitsloot.

Jaloezie is een verschrikkelijk gevoel en het idee dat ik jaloers zou zijn, was nog niet in me opgekomen totdat mensen er maar naar bleven vragen en dit gevoel op die manier bestaansrecht gaven. Het gevoel dat op dat moment overheerste was echter geen jaloezie, maar een soort schaamte voor het feit dat ik leefde en gezond was. Dat ik hier was en zij niet. Toch ging het overgrote deel van de mensen die ik ontmoette ervan uit dat ik een gevoel van competitie ervoer. Een in mijn ogen kleinerende aanname dat vrouwen niet naast elkaar kunnen bestaan zonder strijd en rivaliteit, zeker als er een man in het spel is.

Zelfs in onze onconventionele situatie, waarbij de twee vrouwen in kwestie door leven en dood gescheiden waren, heerste nog steeds het idee dat de 'nieuwe vrouw' het tegen de 'oude vrouw' op moest nemen en met haar vergeleken zou worden. Tot op zekere hoogte begreep ik dat wel, mensen waren geïntrigeerd door hoe het zou kunnen werken en ten slotte geïnteresseerd in ons verhaal – vooral met goede bedoelingen, denk ik, maar het voelde toch ongepast. Kleinzielig. Ook, als ik er nu aan denk, een beetje onsmakelijk en respectloos. Ik heb er toen hard aan moeten trekken om mijn gedachten en intenties niet te laten vervuilen, omdat het me afleidde van het mooie potentieel dat ik in mijn handen had, namelijk de band die ik hoopte op te bouwen met Guusje en haar zoontje.

Ik voelde me meteen vanaf het begin verbonden met haar. Een stille, onzichtbare verstandhouding die ons met elkaar verenigde. Van vrouw tot vrouw. Alles minder dan dit voelde vernederend voor mij en haar. Om ons als 'rivales' te zien, in wat voor vorm dan ook, voelde dan ook totaal misplaatst. Met de tijd leerde ik dat mijn band en vriendschap met haar niets te maken hadden met de man in ons leven, maar alles met onze verbondenheid als vrouwen en in moederschap. Een band die gebouwd was op basis van empathie, liefde en kracht.

Concentreren op mijn innerlijke bubbel was alles wat ik nodig had om negativiteit te vermijden, maar ook om de relaties te smeden die ik nodig had om vrede te hebben met deze ingewikkelde situatie. Ik wist dat ik de herinnering aan Guusje wilde omarmen en de plek die zij innam in het hart van mijn man wilde respecteren. Ik had daar mijn eigen plek. Toen het aankwam op de opvoeding van en de liefde voor haar zoon, wist ik dat onze band zich moest verdiepen, dat ik op een dieper niveau contact moest maken.

Aan het begin was ik nog geen moeder, maar ik begreep dat het een ongelooflijke eer en een prachtig geschenk was om moeder te mogen zijn van het kind van iemand anders. Ik kon me alleen maar voorstellen hoe moeilijk het voor haar geweest moest zijn om afscheid van Dean te nemen en ik voelde een enorme verantwoordelijkheid om het goed te doen. Dit ging gepaard met tegenover haar een grote hoeveelheid druk, stress en soms verdriet, maar ik leerde dat er in lijden ook schoonheid en kracht kunnen liggen, je moet er alleen zelf voor kiezen om die te kunnen vinden.

Het is waarschijnlijk overbodig om te zeggen dat mijn liefdevolle relatie met Guusje wonderen deed voor de relatie met onze zoon en mijn man. Om zo open en liefdevol te kunnen spreken over de mensen uit je verleden en het heden werkt bevrijdend. Bovendien is er niets inspirerender dan vrouwen die samenkomen om tegen te spreken wat mensen van ze verwachten en in plaats daarvan iets veel sterkers laten zien.

Mijn relatie met Guusje heeft zoveel positiviteit in mijn leven gebracht, in mijn vriendschappen en in het leven van mijn kinderen. Ze heeft me geleerd om de schoonheid te zien van de plichten, offers en liefde die bij het moederschap horen. Ze heeft mij herinnerd aan het feit dat ik mijn vriendschappen met vrouwen moet waarderen en aan de enorme hoeveelheid steun die we elkaar kunnen geven als we ons ego en de verwachtingen en aannames die anderen van en over ons hebben laten varen.
Zij heeft het mogelijk gemaakt dat ik van haar zoon kan houden alsof hij mijn eigen kind is.
Zij heeft me laten geloven dat er meer is tussen hemel en aarde.
Zij neemt me bij de hand – en ik haar – als we elkaar even kwijt zijn.
Zij is de glimlach die ik in mijn hart draag en mijn vertrouwelinge als ik het moeilijk heb.
In ruil daarvoor ben ik haar supporter en de bewaker van haar mooiste geschenk.
Ik leef niet in haar schaduw. Ik gedij in het licht.
Twee vrouwen, gescheiden door tijd en ruimte, maar verenigd in de liefde voor onze zoon.
Met waardering.
Als vriendinnen.
Nee, als zussen.

Sometimes you win. Sometimes you learn

Young LOVE

MIJN EERSTE RELATIE WAS MET EEN FOTOGRAAF die een stuk ouder was dan ik. We scheelden om precies te zijn dertien jaar. Toen zag ik niet in wat het probleem was, maar nu ik ouder en zelf moeder ben, begrijp ik de zorgen van mijn ouders helemaal. Uiteindelijk duurde de relatie toch nog een paar jaar. Hoe hard ik ook had beweerd dat dat nooit zou gebeuren, het leeftijdsverschil nekte ons alsnog. Het was misschien voorbestemd om te mislukken, maar deze relatie was ook teder, mooi en inspirerend. Hij was ouder en ik heel jong, maar ik was dol op zijn creativiteit en talent. Ik werd toen al aangetrokken tot mensen die dingen maken en hun leven leiden met passie en verve.

Mijn jeugdige ik was ontzettend verliefd. Het was echt, voor zover mijn zeventienjarige zelf dat kon beoordelen, maar nu ik met wat meer ervaring terugkijk, zie ik ook dat deze relatie een manier was om mezelf te bevrijden. Een deur op weg naar het beloofde land van zelfstandig beslissen. Mijn ouders waren nogal streng. Of eigenlijk was vooral mijn vader streng. Hij was dominant in ons huishouden, hij bepaalde de regels en de sfeer in huis, zoals veel van zijn generatiegenoten. Er hing soms een spanning in de lucht als we zaten te wachten in wat voor bui hij thuis zou komen. Dat was bepalend voor de rest van de avond; zou ik me opsluiten in mijn kamer of niet? Mijn moeder was zachter en socialer, maar ik denk dat ze vooral een rustig leven wilde en had geleerd dat het beter was om met mijn vader mee te bewegen in plaats van tegen hem in te gaan. Ze had geleerd om de vrede te bewaren.

Mijn vader en ik waren close totdat ik in de puberteit belandde en ik meer mijn eigen leven wilde leiden, net zoals mijn vriendinnen dat deden. Ik was nog niet zo geïnteresseerd in jongens, ik was vooral geobsedeerd door alles wat met muziek te maken had en toen mijn vriendinnen naar optredens, feestjes en clubs begonnen te gaan, wilde ik dan ook dolgraag met ze mee. Met jongens had ik niet of nauwelijks contact. Ten eerste zat ik op een meisjesschool, wat dat nogal lastig maakte, en ten tweede deed het gerucht de ronde dat als je mijn vader aan de lijn kreeg en naar mij vroeg – zoals één arme jongen had gedaan – dat op zijn zachtst gezegd geen prettige ervaring was.

Mijn vader was beschermend en autoritair en ik denk dat hij voelde dat zijn kleine meisje hem ontglipte, maar ook dat zij – hoe verdrietig ook – een beetje respect voor hem verloor. Zoals zoveel mensen in een lastige situatie doen, verstevigde hij zijn greep op mij in plaats van dat hij mij vrijer liet. Ik mocht niet uit zoals mijn vriendinnen en ik had geen contact met jongens.

En toen ontmoette ik opeens een man.

Mijn eerste vriendje was een man, geen jongen. Dat leek me op dat moment geen probleem. Ik was verliefd, maar had nog niet de ervaring om die situatie te begrijpen en de gevolgen ervan helemaal te kunnen overzien. Ik wist dat mijn ouders het niet begrepen en dat spoorde me alleen maar aan.

Nu vind ik het een vreemd idee dat een volwassen man geïnteresseerd zou zijn in zo'n jonge vrouw, of nou ja, vrouw... ik was eigenlijk nog gewoon een puber, in elk geval geen volwassene. Maar hoewel ik er nu wel rationeel over na kan denken, spreek ik geen kwaad woord over onze liefde, omdat het voor mij iets heel moois is geweest. Ik hoefde me niet bezig te houden met jongens van mijn eigen leeftijd, die allemaal last hadden van hun eigen onzekerheden, haantjesgedrag en waarschijnlijk acné. In plaats daarvan was ik de partner van een man die wist wie hij was en wat hij wilde, en die een spannende carrière had. We hadden samen lol en het was tegelijkertijd dynamisch en stabiel. Hij liet me kennismaken met kunst, cultuur, muziek en mensen. We waren gelukkig.

Ik heb hem eigenlijk nooit gevraagd hoe hij terugkijkt op onze relatie. Ik kan me niet voorstellen hoe het voor hem geweest moet zijn om ineens een tiener in huis te hebben. Ik had absoluut geen interesse voor volwassen dingen zoals koken, schoonmaken of de rekeningen betalen. In plaats daarvan was ik spontaan, avontuurlijk, wild. In het begin was dat leuk, heel leuk zelfs. Maar de nieuwigheid ging ervan af en ik denk dat hij daar uiteindelijk klaar mee was. En ik was eigenlijk ook wel een beetje klaar met hem.

We zijn uiteindelijk na vier jaar uit elkaar gegaan, pas nadat onze liefde een kloof tussen mij en mijn ouders had veroorzaakt en mijn studiedromen waren ontspoord.

Ik was altijd een goede leerling en vond het fijn om nieuwe dingen te leren en het goed te doen op school. Ik had al vroeg besloten dat ik naar de universiteit wilde (ik zou de eerste uit mijn familie zijn) en werkte hard om naar de school te kunnen gaan waar ik heen wilde, de University College London. UCL had zo'n goede reputatie, en de locatie in de Britse hoofdstad was ver van alles wat ik kende en zou een spannend leven betekenen. Het leek perfect.

Naast de strenge eisen die ze aan mijn eindcijfers stelden, moest ik ook nog een toelatingsgesprek en -examen doen. Ik weet nog dat ik het tijdens mijn gesprek over mijn liefde voor muziek en literatuur uit de jaren vijftig en zestig had en hoe het soms chaotische ritme van het proza van de dichters van de beatgeneration mij deed denken aan het perfecte staccato van jazz. Ja, ik was zo pretentieus en bijdehand. Het mag duidelijk zijn dat ik werd aangenomen.

Het is een grote stap om, als je net achttien bent, van een simpel rijtjeshuis in een buitenwijk van Noordwest-Engeland te verhuizen naar Londen, maar ik vond het geweldig. Toen was het al een van de duurste steden om in te wonen. Ik moest hard werken en was soms eenzaam, maar ik wist zeker dat dit mijn droom was. Alles waar ik zo hard voor gewerkt had.

Ik had net met vlag en wimpel mijn propedeuse gehaald toen ik de keus maakte om over te stappen naar de University of Liverpool om daar de rest van mijn studie af te maken. Ik weet nog dat ik bij mijn UCL-professor, het hoofd van de afdeling Engels, ontboden werd en dat hij me vroeg waarom ik over wilde stappen. Hij begreep niet waarom ik zo'n prestigieuze opleiding de rug toe wilde keren, juist omdat het zo goed ging. De toekomst lachte me tegemoet. Mijn antwoord was dat ik wilde overstappen voor de liefde en ik weet nog steeds niet of de blik die hij me toen schonk er een van bezorgdheid was of van medelijden. Waarschijnlijk een beetje van allebei. Ik heb me daar achteraf in elk geval heel stom over gevoeld.

Het leven in een nieuwe stad en het gebrek aan contact met mijn ouders zorgden ervoor dat ik mijn vriend intens miste. Hij miste mij ook en had laten weten dat hij het heel lastig vond dat we zo ver bij elkaar vandaan woonden. Verward door hoe serieus onze relatie opeens was en bang om hem kwijt te raken, nam ik een beslissing waar ik later nog heel vaak spijt van zou hebben. Ik liet Londen voor wat het was en keerde terug naar huis om bij hem in te trekken. We hebben het daarna nog krap twee jaar volgehouden. Toen we eenmaal samenwoonden en 24 uur per dag op elkaars lip zaten, werd het pijnlijk duidelijk dat ik hem en de relatie ontgroeid was en hij kwam erachter dat het leven met een jongere vrouw leuker lijkt dan het in praktijk is.

Ik heb me zo vaak voor mijn kop geslagen dat ik mijn plannen voor hem, voor onze relatie, overhoop heb gegooid. Ik was veel te jong om zo'n belangrijke beslissing te nemen. Misschien zelfs ook veel te jong om me zo verliefd te voelen.

Het ironische is dat als mijn vader me toen wat vrijer had gelaten en me wat meer had vertrouwd, ik waarschijnlijk niet zo zwaar verliefd zou zijn geworden op een man die me zo'n makkelijke uitweg bood. Als mijn ouders niet geëist zouden hebben dat ik een punt achter de relatie zou zetten, zou ik waarschijnlijk veel eerder ingezien hebben dat dit hem toch niet helemaal was. Als ik niet door een oudere man was verleid (want achteraf gezien is dat wat er is gebeurd), dan had ik niet op zo'n jonge leeftijd al zo'n serieuze relatie gehad.

Maar uiteindelijk kan ik alleen naar mezelf kijken. Elke keuze die ik toen maakte was toch mijn eigen verantwoordelijkheid, ook al was ik jong en beïnvloedbaar. Terugkijkend zou ik willen dat ik andere keuzes had gemaakt. Dat ik meer overtuigd was geweest van mijn eigen kunnen in plaats van mijn plannen te laten varen voor anderen. Ik wou dat ik eigenwijzer was geweest. Minder onzeker. Boven alles zou ik willen dat ik mijn ambitie niet had getemd voor de liefde.

Waarom vertel ik dit verhaal? Ik kan me voorstellen dat ik niet de enige ben met zo'n verhaal over een jonge, optimistische liefde. Of de enige onervaren romanticus die ooit in de mythe van 'die ene ware' geloofde. Of de enige jonge vrouw die bereid was om haar eigen veelbelovende dromen aan de kant te zetten om de romantiek te laten werken.
Ik deel het met je omdat het me eraan herinnerde dat ik blijkbaar altijd de neiging heb om mijn hart te volgen. Soms roekeloos en naïef, soms intuïtief

en krachtig. Maar deze ervaring leerde mij vooral wat het was om verliefd te worden, ondanks uitdagingen en twijfels van anderen. Hierdoor heb ik leren oefenen in het diepe te springen. En het leerde me vooral dat ik nooit meer dezelfde fout wilde maken: namelijk kiezen voor een man uit onzekerheid.

Ik heb het nodig gehad. Want toen ik jaren later opnieuw geroepen werd om Londen te verlaten voor de liefde – dit keer niet om naar huis te gaan maar naar een heel ander land – wist ik zonder enige aarzeling of angst dat het de juiste keuze was. Niet omdat ik mijn dromen zou moeten opgeven voor de liefde, of om een relatie te redden, maar omdat ik wist dat de liefde me deze keer de kans bood om echt mijn dromen te volgen.

It seems that our romance, like all other good things in life,
keeps getting better with age.
Or maybe it just feels this way when the mountain we have finally
reached the top of, has been so steep and challenging along the way?
Whatever it might be,
it feels like freedom.
It feels like we can finally think about taking the simpler routes from now on.
It feels like... Love.

Eventually, everything connects

Embrace

IN HET BEGIN VAN ONZE RELATIE ging ik minstens twee keer per week, soms vaker, naar de begraafplaats om bij het graf van Guusje te zitten. Het lijkt misschien een beetje morbide, of dramatisch voor sommige van jullie, maar ik vond daar troost.

We hebben elkaar niet gekend maar op de een of andere manier bracht dit ons dichter bij elkaar. Ik wist niets over verlies, verdriet of rouw maar mijn keuze om daar te zijn was intuïtief. Ik wist dat het belangrijk was, ik wist toen alleen nog niet waarom. Ik weet nu dat dit voor mezelf een belangrijk onderdeel van het acceptatieproces is geweest. De uren die ik daar in stilte en contemplatie doorbracht, hielpen me de situatie te begrijpen, te beslissen wat mijn rol in het verhaal zou zijn en zelfs licht te ontdekken in het verdriet.

De plek waar Guusje begraven ligt is misschien wel het mooiste kerkhof van Nederland. Het is een oase van rust, maar net als elke andere begraafplaats is het een plek van eindigheid. De harde grafstenen en gravures laten zich moeilijk negeren.

De eerste weken en maanden werd ik, als ik aan haar graf stond, op de meest hardvochtige manier aan de feiten herinnerd. In het begin (en ik schaam me een beetje om het toe te geven) huilde ik alleen maar. Tranen van verdriet voor het gezin dat ze had achtergelaten. Tranen van frustratie ook, het leek allemaal zo oneerlijk. Maar de tranen veranderden niets. In plaats daarvan leerde ik dat het geen nut had om te vluchten of te wensen dat het allemaal anders was. Ze zou niet meer terugkomen en thuis wachtte er een klein jongetje. Ik wilde niet alleen dat het zou werken, het *móést.*

Ik realiseerde me snel dat ik een keuze had, ondanks alle factoren die buiten mijn macht lagen. Het moment accepteren zoals het was – goed, slecht of verschrikkelijk – was de enige echte optie die ik had. De enige positieve keuze die ik toen kon maken. Het had geen zin om de waarheid te omzeilen, ik moest mijn eigen weg daarin zien te vinden. Dus in plaats van afstand te nemen van het verdriet, van de vrouw die ik nooit had ontmoet, zocht ik haar op. Langzaam maar zeker werden de tranen minder en ging ik meer nadenken en praten. Praten met Guusje.

Sommige dagen was ik stil en contemplatief, andere vrolijk en ijverig. Voor mij werkte het heilzaam om verse bloemen op haar graf te leggen en het te verzorgen. Het onkruid wegplukken, de planten water geven en de gevallen herfstbladeren oprapen. Ik bewees haar een laatste eer met mijn hart en mijn handen. Het voelde tegelijk als het minste en het meeste wat ik kon doen.

Gedurende de vele stille gesprekken die Guusje en ik hebben gehad stelde ik vragen; vroeg ik om richting en deelde ik de dingen waar ik tegenaan liep. Ik vroeg haar advies en ik wil graag geloven dat ik dat ook gekregen heb. Aan het einde van elk bezoekje bukte ik me en kuste ik het voorhoofd van het boeddhabeeld dat op haar graf staat. Na elke kus voelde ik alsof we dichter bij elkaar gekomen waren.

Het moet een vreemd gezicht zijn geweest voor de mensen die me daar gezien hebben. De 'nieuwe vrouw' die stond te huilen aan het graf van de vrouw van haar partner. Maar het maakte me niet uit. Ik wist dat dit voor mij de enige manier was om te eren wie Guusje is geweest, te eren wie ik ben en bij elk bezoekje een beetje meer rust te vinden.

Voordat ik naar huis ging, brandde ik altijd even een kaarsje in de prachtige kapel bij de begraafplaats. Een laatste moment van bijna hemelse verbinding en contact voordat ik terug moest naar de echte wereld buiten. Dit simpele gebaar herhaal ik nog steeds, elke keer als ik er ben. Een kaarsje gevuld met het licht van de liefde, van de ene vrouw voor de andere.

Nu, al die jaren later, komen we er vaak als familie en altijd op de belangrijke dagen. Verjaardagen, Kerstmis, jubilea en Moederdag. Dinand heeft een prachtige laatste rustplaats voor Guusje gecreëerd en we brengen graag mooie bloemen mee, vaak zes prachtige eenvoudige witte rozen, een voor ieder van ons. Andere keren gaan we helemaal los en versieren we het graf met paashazen of kerstballen inclusief een kerstmuts voor de boeddha. Het is meer dan gewoon goed om te doen, het is helend.

Gelukkig wordt er nu altijd geglimlacht en zijn er zelden nog tranen. Guusje heeft haar rust gevonden en wij ook. Zij is natuurlijk al lang vertrokken van deze aarde, maar op die momenten staat ze ineens weer tussen ons en dan voelen we dat ze met ons meelacht. We omarmen het. De cirkel is rond.

Find out who you are and do it on purpose

– Dolly Parton

What's in a name?

LAATST VROEG IEMAND ME WAAROM ik eigenlijk de naam van mijn man heb aangenomen als ik mezelf een feminist noem. Het was een goeie vraag. Ik was even stil. Ik had er letterlijk nog nooit over nagedacht in die context. Ik had er nooit over nagedacht dat het een samen zou kunnen hangen met het ander. Het was het soort vraag waar het je van gaat duizelen en die uitnodigt tot nadenken. Over jezelf, de keuzes die je hebt gemaakt en waarom je die beslissingen hebt genomen... Een vraag die interessante maatschappelijke vraagstukken opwerpt over de aard van onze namen, identiteiten en relaties, over onze huwelijken.

Tot mijn dertigste was ik Lucy Hopkins. Mijn meisjesnaam is een Engels, Welsh en Iers patroniem dat vooral veel voorkomt in Zuid-Wales. Ik was er nooit echt dol op. Hopkins voelde altijd zo Brits, zo keurig, en was vooral in mijn tienerjaren dodelijk saai en normaal. (En dat is natuurlijk wel het laatste wat je wilt zijn als tiener.) Ik weet niet waarom, maar ik heb het altijd ongemakkelijk gevonden om mijn naam hardop uit te spreken, het voelde vreemd in mijn mond, alsof het niet echt mijn naam was. Net als een jeukende wollen trui zat ook deze naam niet lekker. Ik kan dan ook niet ontkennen dat het geen seconde in me opgekomen is om hem te behouden toen mijn vriend me, inmiddels twaalf jaar geleden, vroeg of ik met hem wilde trouwen. Ik wilde een nieuwe start, een nieuw begin. Ik voelde dat mijn huwelijk een transformatie zou betekenen en die wilde ik volledig ondergaan.

Toch bleef de vraag knagen. Was het alleen maar omdat ik het een stomme naam vond dat ik stond te trappelen om de naam Woesthoff aan te nemen? Of was er meer aan de hand? Iets wat misschien meer verweven was met mijn relatie en de omgeving waarin we opgroeien? Eerlijk? *All of the above.*

Nu ik erop terugkijk, zie ik in hoe belangrijk het voor me was om officieel erkend te worden als de echtgenote. Voor onze kinderen, voor onze vrienden en familie, maar zeker ook voor de buitenwereld. Ik had het idee dat ik op die manier niet meer alleen als zijn nieuwe vriendinnetje zou worden gezien, maar als zijn nieuwe partner, zijn tweede vrouw en de moeder van zijn kinderen. Ik denk dat dit iets is dat veel 'tweede' partners zullen herkennen.

Het was natuurlijk ook praktisch om zijn naam aan te nemen. Ik wilde dezelfde naam in mijn paspoort hebben staan als mijn kinderen. Bij de douane wilde ik niks hoeven uitleggen en ook wilde ik dat we allemaal verbonden zouden worden door één enkele naam. Ik wilde simpelweg voelen en laten zien dat ik bij hem hoorde. Ik wilde bewijs, zwart op wit. Ik wilde voelen dat hij mij had gekozen en dat ik volledig voor hem ging. Ik vond dat toen een romantisch idee en dat vind ik tot op zekere hoogte nog steeds, maar ik ben nu ook verrast door de afwezigheid van diepere gedachten over mijn beslissing. Ondanks al mijn ideeën over mezelf deed ik gewoon wat iedereen deed.

Als ik nu terugkijk is het vreemd om te beseffen dat er eigenlijk nooit sprake van is geweest dat ik beide namen zou gebruiken; dat ik mijn eigen Britse Hopkins-naam zou houden, en die aan zou vullen met het meer Duits klinkende Woesthoff. Misschien omdat ik het nogal een mond vol en veel schrijfwerk vond? Of misschien omdat dat ook voelde als een trui die zou jeuken. (Dubbele namen zijn niet gebruikelijk in Engeland. Die zijn voor de aristocratie en niet voor 'normale' vrouwen zoals ik.) Wat nóg interessanter is, is het feit dat het niet eens een optie was en dat we niet eens een gesprék hebben gevoerd over de mogelijkheid dat mijn man – lekker controversieel – mijn naam aan zou nemen. Nee, dit was traditie, romantiek, dit is wat mannen en vrouwen nu eenmaal doen.
Natuurlijk trekt de feminist in mij, die ondertussen elf jaar ouder is, haar wenkbrauwen hierbij op, want het idee dat je aan de buitenwereld moet laten zien dat je bij je man hoort past niet echt meer bij de vrouw die ik vandaag de dag ben.

Ik denk dat het vooral belangrijk is om te onthouden dat ik in tegenstelling tot zoveel vrouwen überhaupt de keuze had en dat mijn man het helemaal niet erg had gevonden als ik mijn meisjesnaam had gehouden of beide had gebruikt. Hij is erg modern en ruimdenkend, maar ik denk dat zelfs hij ervoor terug zou deinzen om zijn naam in te ruilen voor de mijne. Voor hem staat zijn naam voor zijn afkomst, voor wie hij is. Een link naar het verleden, zijn voorouders en zijn familiegeschiedenis. Ik snap het helemaal, maar hoezo voelde ik dat dan niet bij mijn eigen naam?

Ik vind het even interessant als ingewikkeld, net zoals de vele verwachtingen waar vrouwen mee te maken hebben. Sommigen van ons distantiëren zich actief van het feminisme. Anderen kiezen ervoor om actief afstand te nemen van tradities en conventies. Ik denk dat de meesten kiezen voor een veilige middenweg.

In mijn geval heb ik ervoor gekozen om mijn hart te volgen. Of in elk geval hoe mijn hart er toen over dacht. Ik weiger te geloven in 'fouten maken'. We maken keuzes die, met de kennis die op dat moment voor handen is, de juiste lijken.

Nu ik ouder ben, merk ik grappig genoeg dat ik me steeds meer distantieer van het patriarchaat en traditie, terwijl ik tegelijkertijd meer dan ooit hang aan afkomst en oorsprong. Het is belangrijk voor me om te weten waar ik vandaan kom, en hoewel ik al zo lang van huis weg ben, heb ik me nooit Britser gevoeld dan nu. Ik mis thuis. Mijn cultuur, mijn wortels. Alle dingen die er eerst voor zorgden dat ik een hekel had aan mijn naam, hoe vertrouwd en normaal hij mij in de oren klonk en hoe ongelooflijk Brits die was, zijn ironisch genoeg precies de dingen die er nu voor zorgen dat ik hem mis. Of romantiseer ik het nu allemaal op precies dezelfde manier als ik elf jaar geleden de naam van mijn man romantiseerde? Ik weet het eerlijk gezegd niet zeker.

Wat ik wél zeker weet is dat ik het heerlijk vind om getrouwd te zijn. Mag ik dit eigenlijk wel zeggen als feminist? Ja, dat mag ik, omdat feminisme voor mij vooral gaat over het bepalen van je eigen regels als vrouw. Zelf bepalen waar je gelukkig van wordt, zo vrij mogelijk van invloeden van buitenaf. Zelf de keuzes maken die jij wilt maken, omdat je erover hebt nagedacht en niet zomaar omdat anderen dat van je verwachten. Dus ja, ik zal eerlijk zijn. Ik vind het niet 'leuk' om getrouwd te zijn – ik hou ervan.

Getrouwd zijn met de juiste persoon helpt daar natuurlijk wel bij, maar ik geniet ook van de stabiliteit die het huwelijk met zich meebrengt. En dan niet de voorspelbaarheid die met stabiliteit geassocieerd wordt, maar de stabiliteit die ik blijkbaar nodig heb om mijzelf te ontdekken en mijn eigen grenzen en die van mijn relatie te onderzoeken. De zekerheid en onzekerheid van het wedden op één paard. De gemoedsrust en spanning die dat met zich meebrengt. Het gevoel van verbondenheid: dat je een gelofte hebt afgelegd, dat je er niet zomaar onderuit kunt en dat dat ervoor zorgt dat je extra je best doet om het te laten slagen. Hoe vertrouwd en normaal het voelt, het gevoel dat je ergens bij hoort. Zie je het overkoepelende thema al? ;) Als ik er zo naar kijk, dan heeft de naam en de beslissing om een Woesthoff te worden een essentiële rol gehad in mijn zoektocht naar mijn eigen versie van geluk.

Ik weet dat een huwelijk of een relatie niet nodig is om het bovenstaande te bereiken, maar het voelde voor mij als een vertrouwd kader. Een bestemming die ik graag wilde verkennen. Het is een beetje zoals met moeder-zijn; ik wist dat ik geen moeder hoefde te worden alleen maar omdat ik een vrouw ben of om me een vrouw te voelen. Desalniettemin wilde ik dat instinctief toch heel graag zijn. Het is een onderdeel van de vrouw die ik ben.

Het was dan misschien spannend, avontuurlijk en zelfs een beetje roekeloos om mijn naam zo makkelijk aan de kant te schuiven en die van mijn man aan te nemen. Maar het voelde als een nieuw hoofdstuk waar we samen aan zijn begonnen. Niet alleen als eenheid, maar als één. Ik liet de vrouw die ik was voordat ik hem kende letterlijk achter. Misschien was dat wel wat we aan het begin nodig hadden om het te laten slagen? Het duurde alleen even voordat ik doorhad dat het niet goed voor me was om haar helemaal te vergeten. En daarna nog een paar jaar voordat het me gelukt was om haar weer terug in mijn leven te brengen.

Ik besef nu hoe moeilijk het voor ons vrouwen kan zijn om te weten wat wij echt willen als we van jongs af aan sociale conditionering en geïnternaliseerde tradities ondergaan. Anderzijds zie ik mijn vragen, gedachten en worstelingen, toen en nu, als onderdeel van het natuurlijke proces van ouder worden en groeien. Leren wat je echt wilt, door vallen en opstaan, in plaats van te verlangen en te zoeken wat je is geleerd. En de vrijheid te nemen om van gedachten te veranderen en de schoonheid om dat toe te geven.
Toen ik dertig was, koos ik voor Woesthoff, maar nu ik eenenveertig ben, zou ik kiezen voor Hopkins-Woesthoff. Niet voor mijn man of voor de buitenwereld, maar voor mezelf. Een mooi compromis tussen de jonge, zoekende vrouw die ik was en de wijzere, oudere feminist die ik nu ben.

A few things I wished I'd known when I was younger:

4. You will fuck up, we all do.
Don't be hard on yourself.

5. Stop dreaming of your future,
life is NOW.

6. Your parents are just people,
they will make mistakes.

Stay soft. It looks beautiful on you

– Nayyirah Waheed

A gift

ALS IK DE AFGELOPEN vijftien jaar iets heb geleerd, is het wel dat je hart open en zacht houden fantastische dingen doet voor je ziel.

Ik heb het niet over aardig of lief zijn. Ik heb het over gevoeligheid, compassie en empathie, ook voor mensen die je niet kent, niet begrijpt of niet mag.

Begrijp me alsjeblieft niet verkeerd, dit is geen pleidooi voor onbaatzuchtigheid. Wij vrouwen zijn veel te lang experts geweest op dat gebied. Ik ben mezelf vaak verloren in de wensen en verwachtingen van anderen (en daar wil ik niet in terugvallen), nee, dit is mijn pleidooi om onbevreesd zacht te zijn en te blijven. Tegen jezelf en tegenover elkaar.

Vandaag de dag krijgen we vaak te horen als we ergens willen komen in het leven we onszelf altijd op de eerste plaats moeten zetten. Dat we hard moeten zijn. Dat dat nodig is om boven op de apenrots te klimmen. Dat we niet hoeven delen omdat er toch niet genoeg is voor iedereen. Dat we het recht hebben om te kwetsen als we 'onze' mening willen verkondigen. Het is vermoeiend. Je ziet het overal: online, op de werkplek, in onze politiek – een verharding.

Ik weiger dat te accepteren en doe mijn best om die energie niet binnen te laten. Ik denk dat we hier uiteindelijk niet blij van gaan worden en ik weet bijna zeker dat het niet duurzaam is. Daarom kies ik liever voor een zachtere manier van leven, denken en doen. Dat is waar ik blij van word.

In plaats van vergelijking, concurrentie of wantrouwen, geloof ik in mijn eigen pad en in de kracht van oprechte intenties. Ik geloof in de impact die liefde kan hebben. Ik geloof in een kleine moeite doen voor een ander. Ik geloof in een grote moeite doen voor een ander! Ik geloof in kwetsbaarheid. Ik geloof in zacht buigen wanneer het nodig is, zoals riet in de wind.

Ik vind het niet erg als iemand mijn visie hierop verwart met zwakheid. Ik ben vaker verkeerd begrepen en onderschat (welke vrouw niet?). En eerlijk is eerlijk, ik snap het ook wel een beetje. Het klinkt allemaal zo idealistisch en misschien – voor de cynici – naïef. Maar ik geloof echt dat dit het reddingsmiddel is dat de wereld nodig heeft. Net dat beetje meer openheid en zorg voor elkaar. Laten we alsjeblieft kiezen om te handelen vanuit ons hart en vanuit intuïtie of onderbuikgevoel, hoe je het ook wilt noemen. Niet met angst, maar met liefde voorop. Ik denk dat er geen grotere kracht of gift bestaat.

We have never met.
I wonder if we ever will.
I have often questioned is it possible for someone
who you don't know to be your guardian angel?
Because I think you are mine.
And maybe I am yours a little too?

Do no harm. Take no shit

Don't let the bastards get you down

IK TOETS ZEVEN KLEINE WOORDJES IN op mijn telefoon en druk zonder te aarzelen op Send. Ik heb ze zojuist verstuurd naar een vrouw die ik nog nooit in het echte leven heb ontmoet. Ik volg haar al een tijd op Instagram en ik mag haar graag. Ze is intelligent, ze is jong en ze is eigen, getalenteerd; karaktereigenschappen die je in de vuurlinie kunnen brengen, vooral online en als vrouw al helemaal. Ze had wat nare comments, doorspekt met een niet zo subtiele ondertoon van discriminatie, voor haar kiezen gekregen en ik wilde even contact met haar zoeken om haar een hart onder de riem te steken. Ondanks wat ons als kinderen vaak wordt geleerd, kunnen woorden wel pijn doen. Vooral als ze willekeurig en ongegrond zijn, zoals ze vaak op social media zijn. Zelfbenoemde rechters die veilig achter hun computerscherm zitten en verbale raketten afvuren zonder rekening te houden met de gevolgen.

Wat waren mijn troostende woorden? Mijn *words of wisdom*? In plaats van dat ik haar een van mijn favoriete spirituele quotes stuurde over dat alles met een reden gebeurt, in combinatie met wat vaag advies over gewoon lekker op een ander niveau te gaan vibreren, (dat ik een keertje had gelezen op Pinterest), stuurde ik haar dit: *'Don't let the bastards get you down.'*

Een van mijn lievelingsmantra's, een zin die ik ook vaak naar vrienden en vriendinnen stuur als de nood hoog is. En hoewel je het misschien niet van me zou verwachten, vind ik dat er eigenlijk geen betere en troostendere woorden zijn als je geconfronteerd wordt met onwetendheid, discriminatie of een ongevraagd oordeel.

Het is natuurlijk niet altijd de eerste zin die in mij opkomt. En qua woordkeuze is het niet echt het mooiste of meest filosofische. Maar ze werken wel. Ze geven je kracht zodat je objectiever kunt kijken. Ze suggereren zowel begrip als een stille aanmoediging om je standpunt te blijven verdedigen. Het is het soort advies dat alleen een beste vriend(in) zou kunnen geven. Verrassend genoeg kunnen deze eenvoudige, aardse woorden je krachten bundelen. Ze zijn rechtdoorzee, imponerend en krachtig, het adviesequivalent van een shot tequila. En net zoals op sommige avonden en sommige momenten tequila het enige is wat nog soelaas biedt, zijn deze zeven wijze woorden vaak de perfecte remedie als je op een bepaald punt bent aanbeland.

We herkennen deze situatie denk ik allemaal wel. Ik heb het niet over een meningsverschil of onenigheid over de laatste plek op de parkeerplaats van de supermarkt. Nee, ik heb het over het gevoel dat je krijgt als je persoonlijk aangevallen wordt, vaak door mensen die je niet eens kent en dat je, ondanks dat je je beste beentje voorzet, het niet meer op kunt brengen om deze situatie, persoon of mening nog een seconde langer te tolereren. Soms is genoeg ook echt genoeg. Tot hier en niet verder. Ik wens je het beste en doei!

Zoals met alle goede dingen in het leven, proberen ik zuinig met deze woorden om te gaan. Ik wil nooit wennen aan hoe ze in mijn mond voelen of aan hun impact. En impact hebben ze. Net zoals wanneer je een oprecht compliment krijgt van iemand die je niet kent.

Deze zeven, wat onbeschofte, kleine woordjes kunnen mensen bij elkaar brengen. Ze ademen solidariteit. Het talige equivalent van een stevige, vriendelijke arm om je schouder en de subtiele erkenning dat het misschien niet eerlijk en niet rechtvaardig is, maar dat de enige optie die je nu hebt, is om in plaats van je in de strijd (of de comments) te werpen, het toneel te verlaten. Accepteren en dóór. In je eigen kracht en onder je eigen voorwaarden, maar waarschijnlijk zonder overeenstemming of oplossing, omdat – laten we eerlijk zijn – die ander toch niet luisterde.

Ik geef toe dat het lijkt alsof ik mezelf een beetje tegenspreek. Vanuit mijn eigen overtuigingen en zachtheid reageer ik, waar mogelijk, met liefde en compassie en ik geloof heilig in de kracht van de dialoog. Het kan gezond en genezend zijn om bekritiseerd te worden, als de diepere intentie open is en de andere deelnemer bereid is om op zijn minst naar je te luisteren. Maar ik ben ook pas net bekeerd tot de kerk van zelfbescherming (en een zeer fanatiek aanhanger geworden). Na jarenlang een pleaser te zijn geweest, ben ik nu herstellende van mijn verslaving om het iedereen naar de zin te maken. Ik ben mijn grenzen zowel enthousiast als grondig aan het ontdekken en versterken. Deze woorden maken deel uit van mijn nieuw gevonden arsenaal.

Dit betekent natuurlijk niet dat ik agressief of onbeleefd wil reageren. Mijn persoonlijke strategie bij het navigeren door het mijnenveld van menselijke (digitale) interactie is om te proberen negativiteit zoveel mogelijk te vermijden en als dat niet lukt het te ontmoeten zonder mezelf te verliezen in de verbale modder. Het is natuurlijk gemakkelijker gezegd dan gedaan, vooral als je weet dat je gelijk hebt (ha!), maar je kunt ook andere dingen doen om ervoor te zorgen dat je omringd bent door zoveel mogelijk licht en veerkracht. Ik ben bijvoorbeeld zeer kieskeurig in wie ik vrienden noem, wie ik vertrouw en wie ik dichtbij laat komen. Ik volg alleen mensen die mij me goed laten voelen en ik aarzel niet om te blokkeren (online en in real life) als iemand opzettelijk aanstootgevend is. Ik waak als een leeuwin over mijn tijd en heb het feit dat ik niemand een antwoord schuldig ben volledig omarmd. Net zoals dat ik niet iedereen tijd of een uitleg verschuldigd ben. Dit is geen arrogantie, het is empathie. Voor mezelf.

Vaak is het aardigste wat ik voor mezelf kan doen, me aan een bepaalde situatie onttrekken. Ik stel me dan voor dat ik besluitvaardig, elegant en zonder om te kijken de kamer verlaat. Head held high. En als mijn vastberadenheid het toch af laat weten, herinner ik mezelf aan deze zeven magische woordjes en dan vóél ik mezelf weer groeien.

Beauty
is not in
the face;
beauty is a
light in the
heart

– Kahil Gibran

Forever YOUNG

'MAMA?'
'Ja, lieverd?'
'Wat zijn dat voor lijnen op je gezicht?'
'Welke lijnen, lieverd?'
'Die mama, die rond je ogen verschijnen als je lacht.'
'O die, dat zijn kraaienpootjes, schatje. Die betekenen dat mama gelukkig is.'
'O, ik dacht ze betekenden dat je oud bent.'

'Dronken mensen en kinderen zeggen de waarheid,' zeggen ze weleens, maar moeders kunnen er ook wat van. Ik ben gelukkig en ik ben oud. Oké, ouder. Nu is het zo dat ik de laatste tijd veel aan rimpels en leeftijd denk. Dat komt omdat ik nu eenenveertig ben en dat me ook aan te zien is. Ik denk zowel aan de mooie als minder mooie dingen die ouder worden met zich meebrengt, want het is niet het een of het ander. Maar wat me nog het meest verwondert is het feit dat ik altijd dacht dat dit mij niet zou overkomen en dat het nu opeens gebeurt. Fascinerend, als je erover nadenkt. Ouder worden is een verplichte dans die niemand van ons kan ontspringen (hoe hard we ook ons best doen) en die ons, hoewel we weten dat het onvermijdelijk is, ons op de een of andere manier toch overrompelt tegen de tijd dat het zover is.

Ik denk, simpel gezegd, dat het proces van ouder worden nu eenmaal een slechte reputatie heeft. Ik heb me het grootste deel van mijn carrière met marketing en branding beziggehouden en ik ben ervan overtuigd dat ouder worden een grondig make-over nodig heeft, opnieuw *gebrand* moet worden, want ik ervaar het persoonlijk als een opluchting. Het wordt echt ondergewaardeerd. Begrijp me niet verkeerd, ik worstel ook met mijn afnemende collageen en het confronterende besef dat we niet het eeuwige leven hebben, maar ik zie vooral de voordelen. Laat me het uitleggen...

Carl Jung zegt: 'Het leven begint bij veertig. Tot die tijd zit je nog in de onderzoeksfase', en dat is honderd procent de waarheid. Voor mij althans. Ik voel me als een hardwerkende, integere student die net haar superlange en moeilijke onderzoeksscriptie heeft ingeleverd en nu eindelijk is afgestudeerd. Dat ik klaar ben om wat ik geleerd heb in de volgende fase van mijn leven eindelijk in praktijk te brengen. Klaar om een heel nieuw hoofdstuk te beginnen.

Elk jaar dat achter me ligt, heb ik tijd gehad om uit te vogelen wie ik nou eigenlijk ben. En de geruststellende ontdekking is dat ik steeds meer van die persoon ben gaan houden. Ik weet wat me gelukkig maakt en waar ik van groei. Ik weet nu eindelijk met wat voor mensen ik me het liefste omring en van welke dingen mijn hart écht sneller gaat kloppen. Ik heb een doel en ik houd me dagelijks bezig met de alomtegenwoordige 'waarom ben ik hier en wat wil ik achterlaten?'-vraag. Ouder worden als een soort wedergeboorte. Tijd voor mij.

Ouder worden is ook een erkenning van het feit dat tijd schaars is. Dat er nu opeens een limiet zit aan de dingen waar ik uit kan kiezen, dat mijn opties niet langer oneindig zijn. Waar ik me vooral heel bewust van ben, is dat nu, meer dan ooit, de tijd is gekomen om bij alles wat ik doe kwaliteit boven kwantiteit te verkiezen. Om een leven van tevredenheid te kiezen in plaats van zorgen. Ik wil ook niet meer de hele tijd aan mezelf twijfelen door te luisteren naar dat onzekere stemmetje in mijn hoofd. Me niet meer druk maken over wat anderen van me vinden en over hoe ik eruitzie.

Want laten we wel wezen, sterfelijkheid is de ultieme wake-upcall. Waar leg je je focus? Met wie deel je je kostbare energie? Je hoeft niet langer op iedereen te reageren of alle opties open te houden, je mag eens iets missen! Dat geeft helemaal niets, het komt sowieso goed. Jij beslist, jij hebt de controle. Het is even wennen maar boven alles is het verfrissend, bevrijdend en verhelderend. Ouder worden is een *call to action*. Het is alsof je alle onzin weggooit en alleen maar dingen binnenlaat die er echt toe doen. Een voor een vallen de muren die je de afgelopen jaren hebt opgetrokken om en uiteindelijk blijf jij over. Als je er op die manier naar kijkt is het veel makkelijker om te herkennen wat een prachtig privilege ouder worden is. Laten we dat alsjeblieft niet vergeten, want niet iedereen krijgt die kans.

In het verleden wendden we ons voor raad en advies tot de ouderen binnen onze gemeenschap, en hoewel ik met mijn krappe veertig jaar nog maar wat aan de rand rondscharrel, begrijp ik toch wel waar dat idee vandaan komt. Ik voel me een stuk wijzer dan mijn jongere zelf. (En ja, ik weet heus wel dat ik mezelf uit ga lachen als ik dit op mijn zestigste teruglees.) Ik sta nog maar aan het begin, maar ik kan nu al zien dat ik een stevig fundament heb gebouwd waar ik op kan terugvallen, en dat nu de tijd is aangebroken om daarvan te genieten. Ik weet wat belangrijk voor me is en wat niet. Ik ben nu veel kalmer en sterker in mijn functioneren. Ik heb vrede gesloten met mijn jongere zelf en begin me langzaam steeds comfortabeler te voelen bij mijn leeftijd en het geluk dat dat met zich meebrengt.

Ik weet dat ik spreek vanuit een bevoorrechte positie, dat dit hele boek vanuit dat standpunt geschreven is. Ik ben gezond, financieel onafhankelijk en gelukkig getrouwd, waardoor ik het tweede deel van mijn leven met een gevoel van zekerheid en tevredenheid tegemoet treed, maar dat betekent niet dat ik het niet moeilijk vind om ouder te worden. Want laten we de grijze, rimpelige waarheid onder ogen zien: ouder worden is nu eenmaal lastig, vooral voor vrouwen. Niet omdat het dat per se *is,* maar omdat de maatschappij ons vertelt dat dat zo *zou moeten zijn*. De meeste vrouwen die ik ken ervaren dat hun innerlijke kracht groeit naarmate ze ouder worden, maar vrezen tegelijkertijd voor het verlies van hun fysieke aantrekkelijkheid. Hier is dus niet alleen een rebranding voor nodig, maar een heuse maatschappelijke verandering.

Ouder worden is een natuurlijk en universeel proces dat gevierd en gerespecteerd zou moeten worden, maar in onze westerse cultuur voel ik eerder schaamte en afkeer rond het concept van ouder wordende vrouwen. Mannen worden aangemoedigd om het proces te omarmen en worden vergeleken met een goede wijn, die hoe ouder, hoe beter wordt. Van vrouwen wordt daarentegen verwacht dat ze de tekenen van veroudering zo lang mogelijk tegenhouden. Ik voel niet alleen de druk om wat rimpels onder controle te houden, maar een dieper gevoel zegt me dat mijn waarde voor een groot deel afhangt van hoe ik eruitzie, of – confronterender – hoe ik eruitzág.

Omdat de waarde van mannen nooit van hun uiterlijk heeft afgehangen, is het niet onrealistisch om te suggereren dat het voor hen een stuk makkelijker is om het proces van ouder worden te omarmen en afscheid te nemen van hun jeugd. Dit betekent natuurlijk niet dat geen enkele man worstelt met de realiteit van leeftijd. Ook voor hen raakt de tijd letterlijk op. Maar bij ons vrouwen wordt, met het vervagen van onze schoonheid, iets veel ingrijpenders in gang gezet: we beginnen letterlijk uit het zicht te verdwijnen.

Hoewel ik mezelf nooit als klassieke schoonheid heb gezien, toch heeft ouder worden me geconfronteerd met het verliezen van schoonheid waar ik me niet van bewust was: jeugdigheid. Als vrouw in een patriarchale samenleving kunnen we dit het duidelijkst voelen door het langzaam verdwijnen van de beroemde 'male gaze'. Op een bepaald moment tijdens het verouderingsproces worden vrouwen minder gezien als een seksueel wezen, waardoor ze minder zichtbaar zijn voor mannen, met als gevolg dat ze minder zichtbaar zijn voor de samenleving als geheel. Het klinkt dramatisch en dat is het ook.

Ik werd er altijd een beetje ongemakkelijk van als ik vrouwen hoorde zeggen hoe belangrijk het voor hen was om op straat een reactie van mannen te krijgen. Als een vrouw zich *empowered* voelt door de aandacht, dan *all power to you, sis!* Maar ik heb dat nafluiten en 'lach eens even' altijd nogal intimiderend gevonden. Dat je opeens niet meer als mens, maar als stuk vlees gezien werd. Rond de tijd dat de #MeToo-beweging opkwam, maakte ik me ook druk om het aantal vrouwen dat dacht dat de hoeveelheid milde seksuele intimidatie waar ze, sommigen al hun hele leven, mee te maken hadden, in direct verband stond met hoe aantrekkelijk ze waren. Ik was niet teleurgesteld in mijn *fellow women,* ik begreep ze eigenlijk wel. Ik ben tenslotte zelf ook het slachtoffer van jarenlange hersenspoeling. Ik heb ook meegemaakt wat een boost je zelfvertrouwen kan krijgen van mannelijke aandacht (hoewel ik het nu irritant vind en liever complimenten krijg van andere vrouwen). Ik was dus niet teleurgesteld, maar boos over het feit dat het zo normaal was (geworden) om vrouwen (seksueel) te objectificeren. Dat de aandacht, gewenst of anderszins, zo'n belangrijk onderdeel is van hoe gewaardeerd en waardevol we ons voelen. Terwijl onze waarde als mens natuurlijk niets te maken heeft met ons uiterlijk.

Hoe erg ik het ook vind dat ouder worden ondergewaardeerd wordt, ik begin nu, als ik heel eerlijk ben, in te zien dat het verdriet dat gepaard gaat met het afscheid nemen van mijn, van ónze, jeugdige schoonheid ook onderschat wordt. Het is moeilijk en het doet pijn. Het steekt. Ik vind dat we daar ook eerlijk over moeten zijn.

Misschien is het voor vrouwen die nooit zo de nadruk op hun uiterlijk hebben gelegd wel makkelijker om hun waarde aan andere dingen te ontlenen. De schoonheidsidealen van onze samenleving hebben niets te maken met hoe de wereld er in het echt uitziet en toch overheersen ze. Wat als mooi wordt ervaren verandert wel een beetje, maar vrouwen worden nog steeds langs de lat van westerse schoonheidsidealen gelegd. Degenen die eraan voldoen kunnen het gevaar lopen dat ze verslaafd raken aan de goedkeuring van anderen en degenen die er niet aan voldoen worden opgezadeld met een gevoel dat ze nooit goed genoeg zullen zijn. Of misschien zelfs een combinatie van die twee.

Ik weet dat er ook vrouwen zijn die nooit de behoefte hebben gehad om mee te doen aan het spelletje, er zijn veel zeer inspirerende uitzonderingen op de regel. Maar de obsessie met jeugdige schoonheid is een soort wereldwijde cult geworden waar we moeilijk uit kunnen ontsnappen. Je moet lef hebben om de cult de rug toe te keren, maar om met opgeheven hoofd te vertrekken heb je moed nodig. Ik wil graag kiezen voor dat laatste: ik wil mezelf bevrijden van de vele verwachtingen rondom schoonheid en lekker onder mijn eigen voorwaarden oud worden. Ik wil niet alleen gracieus ouder worden maar ook met kracht.

Mijn zelfverzekerde gebruik van het woord ‘kracht’ klinkt alsof ik de controle heb, maar wat het eng maakt, is dat dat bij het verouderingsproces juist niet zo is. Waar ik maar kan probeer ik grip op de situatie te krijgen. Gezond eten, investeren in allerlei behandelingen en crèmes, en verwennerij als een vorm van zelfzorg (of zelfbehoud) zijn een poging om het proces in eigen hand te houden. Maar uiteindelijk weet ik dat hoe meer bevestiging ik nodig heb van buitenaf om me mooi, sexy en zichtbaar te voelen, hoe moeilijker het verouderingsproces voor mij zal zijn. Dus, naast voor mezelf te zorgen, ben ik ook actief bezig om mezelf te bevrijden uit de intense greep die mijn uiterlijk heeft op mijn identiteitsgevoel. Ik dwing mezelf om écht te zien en te voelen dat de manier waarop ik eruitzie niets te maken heeft met wie ik echt ben. Ik push mezelf om mijn gevoel van eigenwaarde te ontlenen aan wat ik doe in de wereld. Ik moedig mezelf aan om wat ik achterlaat te zien als de impact die ik heb op mijn vrienden, familie en collega’s in plaats van enkele vervaagde foto’s (of tegen die tijd waarschijnlijk een Instagram-feed die uit het prehistorie lijkt te komen) die alleen zullen dienen als een herinnering aan wat mijn lichaam ooit was.

Net zoals iedereen heb ik periodes waarin dit niet even makkelijk gaat. Het lijkt een beetje op een dans. Soms vloeiend en sierlijk, twee snelle stappen vooruit en dan plotseling een onhandige stap terug. Soms struikel ik over mijn eigen voeten of stap ik op de tenen van mijn partner.

Ik beken, ouder worden betekent ook dat ik af en toe in de spiegel kijk of een foto zie en dat ik dan verrast ben over wat ik daar zie. Geschokt dat die vrouw in de spiegel niet meer volledig overeenkomt met wie ik dacht dat ik was. Soms kan ik het van me afschudden en andere keren blijft het verdriet hangen, om plotseling op te staan en me te knijpen wanneer ik het het minst verwacht.

Om mijn gedachten en worstelingen beter te kunnen begrijpen probeer ik op dezelfde manier over mijn uiterlijk te denken als over mijn huis. Ik hou van mijn huis, ik voel me er veilig en gelukkig. Ik ben er trots op en ben dankbaar dat al mijn harde werk ervoor gezorgd heeft dat ik een fijn eigen plekje heb. Mijn huis is mijn toevluchtsoord, mijn veilige haven. Een huis is een huis, maar ik vind het heerlijk om me ermee bezig te houden en door de inrichting die ik gekozen heb, zie ik alles wat erin staat als een spiegel van mijn karakter. Ik geef er graag geld aan uit om ervoor te zorgen dat mijn huis er tiptop uitziet. Het is niet alleen een manier om mezelf te eren en te respecteren, maar ook de mensen die er met mij wonen. Sommige dingen die ik in mijn huis doe zijn puur en alleen esthetisch en sommige dingen doe ik omdat dat nu eenmaal hoort bij het grote onderhoud. Mijn huis is een bron van plezier en gezelligheid, maar heeft natuurlijk vooral een taak. Hoe beter ik voor mijn huis zorg, hoe langer het mooi zal blijven. Ik ben trots op mijn huis en haal er ook veel plezier uit, maar het is natuurlijk niet wie ik bén. Het is maar een ding, een gebruiksvoorwerp. De plek waar ik woon. Een schil waarin de ware ik schuilgaat. En met die gedachte in mijn achterhoofd probeer ik me het natuurlijke verval niet te veel aan te trekken.

Ik heb in de afgelopen twee jaar voor het eerst wat 'verval' bij mezelf opgemerkt. Een vermoeide blik rond mijn ogen. Door slaap veroorzaakte lijnen die niet helemaal vervagen. Een beetje slappe huid hier, wat rimpels daar. Maar ondanks de fysieke tekenen heb ik me nog nooit zo mooi gevoeld als nu. Ik weet dat het komt omdat ik een grotere waardering heb gekregen voor waar mijn schoonheid écht in zit. Zoals die beroemde uitspraak van David Bowie: 'ouder worden is het buitengewone proces van de persoon te worden die je altijd had moeten zijn'. Het vertrouwen en de tevredenheid die ouder worden met zich meebrengt, is als een licht dat vanbinnen schijnt. Ik kan het in mijn gezicht zien, beter nog dan de rimpels. De subtiele uitwisseling van jeugdigheid en inzicht, het langzaam loslaten van iets fysieks in ruil voor iets diepers en zuiverders, voelt niet alleen als een eenvoudige verlichting van het dagelijks leven, maar ook alsof je eindelijk je bestemming hebt bereikt.

Ze zeggen weleens dat jeugd niet is besteed aan jongeren en dat heeft me altijd geïntrigeerd, maar nu begrijp ik het voor het eerst ook echt. Hoe geweldig zou het zijn geweest als ik alle inzichten die ik nu heb had gehad toen ik jonger was! Die krachtige combinatie van wijsheid en een overschot collageen zou fantastisch zijn geweest, maar is voor de meesten van ons niet weggelegd. Het natuurlijke proces dat zo zorgvuldig en slim ontworpen is, lijkt met haar ene hand te geven om met haar andere weer weg te nemen.
En dit is dus de essentie van wat ik probeer te zeggen: ouder worden is een ruil. Een deal. Een uitwisseling. Maar hoe ouder ik word, hoe beter ik besef dat dit niet de volledige waarheid is.

Ouder worden dwingt ons om te erkennen dat we veel eigenwaarde ontlenen aan ons uiterlijk. Maar wanneer de buitenkant wat van haar glans verliest, worden we gedwongen onze blik naar binnen te richten. Daar waar alles authentiek is. Het deel van ons dat altijd bij ons zal blijven, dat nooit oud wordt: namelijk onze ziel. Ouder worden is een geschenk en een voorrecht. We hebben het allemaal nodig om te (her)ontdekken dat echt geluk te vinden is in onze universele innerlijke schoonheid. Als we dat eenmaal gevonden hebben, blijven we eeuwig jong.

Sometimes,
you just
need a break.
In a beautiful
place.
To figure
everything
out

Child of heaven

DE DAG WAAROP MIJN DOCHTER WERD GEBOREN, 24 juni 2016, was een van de mooiste dagen van mijn leven. Ik was een paar dagen over tijd en aangespoord door de teleurstellende uitslag van het Brexit-referendum, kreeg ik midden op de dag eindelijk weeën en maar een paar uur later werd ze geboren.

Je hebt waarschijnlijk het gezegde *'third time lucky'* gehoord maar het was mijn meest heftige bevalling. Onze dochter was bijna een hele kilo zwaarder dan haar broers en ik was zelf meer dan tien jaar ouder dan de eerste keer dat ik beviel en was op zijn zachtst gezegd niet in de best mogelijke conditie. Wat het allemaal nog erger maakte, was dat we de weeën hadden opgewekt door thuis mijn water te breken en zo de bevalling in gang hadden gezet. Ik had nog geen echte weeën en was nog geen twee weken overtijd. Een uitgerekende datum is altijd maar een gok, dus ik begrijp achteraf niet waar mijn haast vandaan kwam, behalve misschien mijn angst dat ze al snel te groot zou zijn als we haar te lang zouden laten zitten, en dus moeilijker om eruit te werken.

Er speelden andere factoren mee. Ik was boos over Brexit. Het was warm buiten, ik was inmiddels enorm en de mensen om me heen werden ongeduldig. Voelde ik al iets? Dacht ik dat ze vandaag zou komen? Mama, wanneer komt ze? Iedereen, inclusief ikzelf, was verwend door het feit dat mijn andere baby's beiden precies op hun uitgerekende datum waren geboren. Waar zij lekker punctueel waren, nam deze dame de tijd.

Uiteindelijk stemde ik – opgeblazen, ongemakkelijk en er helemaal klaar ermee – in om op deze zonnige middag de natuur een handje te helpen en nadat mijn water gebroken was kwamen de weeën bijna meteen op gang. Ondanks dat dit niet mijn eerste keer was, schrok ik van de intensiteit. Terwijl mijn lichaam en geest moeite hadden om elkaar bij te houden, werd het duidelijk dat ik ergens in het proces een stap had overgeslagen. Het liep allemaal niet synchroon.

Mijn laatste bevalling voor deze, zo'n zes jaar eerder, was perfect geweest, een sprookjesbevalling, als zoiets bestaat. Ik had geen pijnmedicatie (uiteraard wel pijn), maar ik had het onder 'controle'. Het lukte me om me eraan over te geven, om de golven van pijn te berijden en uit te ademen wanneer de pijn op zijn ergst was, alvorens me over te geven aan de volgende onvermijdelijke golf. Ik voelde me euforisch en sterk. Zen zelfs.

Deze keer had ik het echter moeilijk. Ik was verbijsterd, volledig uit het veld geslagen, en zocht een manier om controle over deze tsunami te krijgen voordat die me zou overspoelen. Maar controle krijgen over een tsunami is onbegonnen werk. Hoe harder je het probeert, hoe moeilijker het wordt.

Alles ging veel te snel voor wat voor soort hulp dan ook. Toen ik twee paracetamoltabletten kreeg aangeboden wist ik niet of ik moest lachen of huilen! Dus kon ik niet veel meer doen dan de tanden op elkaar zetten en me eraan overgeven. Ik weet nog dat ik, tussen de weeën door, dacht dat het wel symbolisch was dat de geboorte van mijn laatste kind, mijn eerste dochter, zo heftig was. Alsof het universum me even wilde laten weten dat ik dit kunstje toch niet zo goed beheerste. Dat een vrouw die een andere vrouw baart iets belangrijks was, iets ritualistisch. En misschien ook zodat ik het niet nog een keer zou proberen. Laten we het zo zeggen; *I went out with a bang.*

Een van de meest bizarre dingen aan bevallen is het feit dat het zo ongelooflijk intens, pijnlijk en dierlijk is, maar dat de pijn, druk, angst en strijd de seconde – nee, de milliseconde – nadat je baby geboren is, verdwijnen. Poef, weg! En dan wordt dat allemaal direct vervangen door een enorm gevoel van opluchting, blijdschap en geluk. Een ongekende adrenaline-high. Het is fantastisch. De mooiste, brute strijd. Levensveranderend. Onbeschrijfelijk. Warrior waardig. Als je dat eenmaal gedaan hebt, vrouw, dan kun je alles.

En daar was ze dus opeens... Leia Guusje Woesthoff. Ons meisje. Onze dochter. Ons zusje. Rond en donker, ze leek meteen op haar vader. De kers op onze toch al mooie taart.

Ik wist al een tijdje dat ik haar Guusje wilde noemen, zelfs nog voordat ik wist dat het een meisje zou worden. Zelfs voordat ik wist dat ik zwanger was. Ik had het enkele jaren eerder al eens voorgesteld aan Dinand, als een voorzichtige *wat als?* En hij vond het een prachtig idee, maar wilde weten of ik het wel zeker wist. Zeker? Ik was nog nooit ergens zo zeker van geweest.

Ik geloof namelijk dat Leia een geschenk is van Guusje. Een teken dat ze bij ons is en dat het goed met haar gaat. Dat ze van ons houdt en ons het beste wenst. Onze dochter is haar levende, ademende glimlach. Mijn gevoel is niet alleen gebaseerd op hoop en bijgeloof, maar op het feit dat Guusje dit zelf tegen mij heeft gezegd. Ik hoor je denken: oké, Lucy spoort niet. Maar het is de waarheid.

In maart 2015 reisde ik in mijn eentje af naar Thailand voor een vakantie. Ik was moe en overprikkeld, en had wat tijd nodig om bij te slapen, na te denken en te ontspannen. Een luxe dat ik me dat kon veroorloven. Niet alleen financieel, maar ook omdat mijn man in kon springen in het huishouden en mijn taken over kon nemen. Het was niet de eerste keer dat ik zonder hem op reis ging.

Ik vind alleen reizen heerlijk, het is zelfs een van mijn favoriete dingen om te doen. Ik heb nooit zo'n last van eenzaamheid, ik vind het eigenlijk wel lekker, mijn eigen gezelschap. Het is de enige manier die ik ken om weer volledig op te laden en de balans te herstellen. Ik voel dat ik pas echt kan ontspannen als ik niet na hoef te denken over de behoeftes en wensen van anderen. En als ik dan weer ruimte heb, kom ik meer in contact met mijn eigen gevoelens en gedachten. Na een dag of twee op mezelf heb ik opeens weer zin in de drukte en chaos van het moderne leven, in alle mogelijkheden die het biedt en kan ik weer waarderen hoe bijzonder dat eigenlijk is. En ik krijg weer ideeën, heel veel ideeën, alsof mijn creativiteit gevoed wordt door de stilte.

Voor Thailand was ik zoals elk jaar een paar dagen in het zuiden van Frankrijk, een soort minivakantie. Maar het einde van 2014 was zwaar geweest en ik had het gevoel dat ik meer nodig had dan alleen een beetje zon. Ik had behoefte aan een spirituele vakantie. Het resort op Koh Samui werd warm aanbevolen door meerdere kennissen, een van mijn beste vriendinnen moest zelfs huilen toen ik vertelde dat ik daarheen ging. Zo blij was ze voor me dat ik het eindelijk ook zelf ging ervaren, zo geweldig was deze plek.

En ik moet toegeven, ik werd niet teleurgesteld. Ik had een tiendaagse reis geboekt, het minst intensieve en meest vakantieachtige programma dat ze aanboden. De dagelijkse wellnessbehandelingen werden aangevuld met meditaties en gezondheidschecks. Ik ga niet liegen, het was hemels. Ik denk oprecht dat iedereen hiervan zou genieten, maar als je een moeder bent die het gevoel heeft dat elke minuut van elke dag gevuld is met taakjes, verplichtingen en afspraken, is een paar dagen vrij waarin je verwend wordt, lekker eten krijgt en je ongestoord – ja, ongestoord! – op het strand kan liggen met een boek en een kokosnoot, een ware droom. *Seriously, best vacation ever!* Als ik kon, stuurde ik iedereen naar zo'n resort, zo geweldig is het.

Voordat ik vertrok, had ik al behoorlijk wat voorpret door de site van het resort uit te pluizen: menu's, behandelingen, dagdromen over mijn dagelijkse routine daar en alle fantastische extra opties waar de gasten gebruik van konden maken. Een van deze extra's waren de bezoekjes van specialisten die tijdens hun eigen verblijf op het resort hun kennis en kunde met de gasten deelden, alvorens verder te trekken naar een volgende locatie. Er was één vrouw die in het bijzonder mijn aandacht trok, Anna. Op haar profiel was te lezen dat ze een medium was, een spirituele *healer* en gids, en zelfs door het scherm heen kon ik haar energie voelen. Helaas zag ik ook dat ze zou vertrekken op de dag dat ik aan zou komen, maar ik stuurde het hotel toch een hoopvol mailtje met de vraag of ik misschien toch nog een afspraak met haar kon maken. Ik had toen ik vertrok nog geen reactie ontvangen, maar toen ik incheckte, kreeg ik te horen dat Anna haar vertrek met een dag had uitgesteld om mij te zien. Ik was intens gelukkig.

De volgende dag zou ik haar ontmoeten voor onze afspraak, ik had geen idee wat ik moest verwachten. Anna was warm en vriendelijk, en als ik eerlijk ben, teleurstellend normaal. Kennelijk rekende ik op een soort *bohemian* tovenaresachtige situatie en ik werd er maar weer eens aan herinnerd dat je niet alles moet geloven wat je in films ziet.

De eerste vraag die ze me stelde was: 'Wat wil je weten?' Wat ik wilde weten? Geen idee! Opeens realiseerde ik me dat ik daar helemaal niet over nagedacht had. Ik had impulsief een sessie met haar geboekt zonder dat ik erbij stil had gestaan wat ik daaruit wilde halen. Ik antwoordde dat ik geen specifieke

vraag had. Dat ik vooral nieuwsgierig was naar wat zij zou voelen en zien. Ik had onlangs het gevoel gehad mezelf een beetje te verliezen in de waan van de dag, alsof ik zonder anker op open zee dreef, misschien dat ze me daarmee kon helpen?
Ik ging op een zacht bed in het midden van de airconditioned behandelruimte liggen. Afgezien van het gezoem van insecten en het getjirp van vogels in de jungle was het stil. Het bleef nog heel lang stil voordat Anna eindelijk sprak: 'Ik weet niet zeker hoe ik dit moet zeggen, maar ik zie een andere vrouw in je huwelijk.' Ze was overduidelijk voorzichtig met het brengen van dit mogelijk schokkende nieuws voordat ze er snel aan toevoegde: 'O, ik zie dat ze overleden is. Ze wil graag met je praten, over een kind. Weet je wie zij is?'

'Ja,' stamelde ik, 'Ja, dat weet ik.'

'Wil je met haar praten?'

'Ja, heel graag.'

'Oké...'

Nog een heel lange pauze.

'Ze zegt dat je het heel goed doet.'

... Ik brak.

Tot dat moment had ik me niet gerealiseerd hoeveel behoefte ik eraan had om die woorden te horen. Hoeveel die goedkeuring voor me betekende en hoe belangrijk Guusjes zegen voor me was.

Ik had Anna geen enkel detail over mijn leven gegeven en had haar geen specifieke vragen gesteld. En toch kwam dit eruit toen we samen zaten.
Ik was vervuld van blijdschap. En van opluchting. Ik had altijd gevoeld dat Guusje een rol had in ons leven en dat ze ons – zij het onzichtbaar – het beste wenste en mij aanmoedigde. Nu voelde het alsof ik een echt gesprek met haar had, dat we eindelijk samen in één ruimte waren met iemand die

kon 'tolken'. Ze had me ook gewoon in Scheveningen op kunnen zoeken, maar Guusje koos ervoor om dat op Koh Samui te doen. *I loved her style.*

Guusje vertelde me verder dat ze mij een heel goede moeder vond voor haar zoon. Dat ze kon zien dat alles goed ging. Dat ze me dankbaar was. Ze sprak over specifieke details in ons huis in Nederland en gaf me instructies, bijvoorbeeld dat het tijd was voor een nieuwe bank (wat echt zo was) en dat we een paar van de foto's die we nog van haar hadden staan moesten opruimen. Ze wilde niet meer dat we thuis een soort altaar voor haar hadden. Ze wilde dat we allebei doorgingen met ons leven en ze wist en waardeerde hoezeer ze nog steeds onderdeel van ons gezin en ons dagelijkse leven was. Toen, net toen ik dacht dat deze bijzondere ervaring niet beter had kunnen zijn, dropte ze een finale bom. Ze zei dat ik een vierde kind zou krijgen en dat het een meisje zou zijn.

Ik herinner me dat ik stotterend antwoordde dat mijn man geen kinderen meer wilde en dat Anna (en Guusje waarschijnlijk ook) keihard moest lachen en zei dat 'hij er niet echt iets over te zeggen had'. Ze vertelde me dat onze dochter heel wijs zou zijn en vooral mij veel zou leren. Ze zou mijn soulmate zijn. Ze zou onze familie verbinden en ons compleet maken. Ze was een geschenk uit de hemel.

Ik was compleet omvergeblazen.

Na de sessie bedankte ik Anna. Zij adviseerde me op haar beurt om het de rest van de dag rustig aan te doen, gemberthee te drinken en naar de zee te kijken, het even allemaal te laten bezinken. Ik weet nog dat het me een beetje duizelde toen ik de kamer verliet. Dat ik als een iets ander mens weer terugkeerde in de warmte en het zonlicht. Ik voelde me licht in mijn hoofd en mijn hele lichaam tintelde alsof ik met mijn vinger in een stopcontact zat.

Ik kon niet wachten om het allemaal aan Dinand te vertellen, maar moest me door het tijdsverschil tot de middag inhouden om hem te bellen. Het wachten was slopend! Om de tijd te doden en zodat ik het niet zou vergeten, nam ik de tijd om alles wat Anna me had verteld zorgvuldig op te schrijven. Ik wilde geen enkel van haar dierbare woorden missen.

Toen ik Dinand eindelijk aan lijn had, onthulde zijn eerste woorden nadat ik hem had verteld wat er was gebeurd, alles wat je over hem moet weten. 'Wow Luce, ik ben echt blij voor je.'
Zijn reactie raakte me diep. Ik had net een ontmoeting gehad met de vrouw die hij verloren had en toch was hij blij voor me. Hij wist hoe belangrijk dit voor mij was. Hoelang ik getwijfeld had en hoelang ik had gewacht op een teken. En ik had geen beter teken kunnen krijgen. Het was in één woord magisch.

Een halfjaar later, begin oktober 2015, ontdekte ik, nadat ik me een paar dagen niet lekker had gevoeld, dat ik zwanger was. Ik was superblij, maar ook nerveus. We hadden het eigenlijk helemaal niet gepland. Ik wist al hoe geweldig het was om zonen te hebben en ik wilde alleen maar een gezonde baby, maar tegelijk wist ik dat mijn ervaring in Thailand opeens een heel andere lading zou krijgen als ik nog een zoon zou krijgen. Ik was bang om de magie los te moeten laten.

De dag waarop we te horen kregen dat ik in verwachting was van een meisje, was dan ook een van de belangrijkste dagen van mijn leven. Vanzelfsprekend voelden we ons gezegend met het nieuwe, gezonde leven dat in mij groeide, maar voor mij bevestigde het zoveel meer. Het voelde als een fysiek, aards bewijs van alles wat ik geloofde, hoopte en voelde. Een viering van een unieke vriendschap en connectie tussen twee vrouwen, twee moeders, twee echtgenotes. Allebei onderdeel van dezelfde familie, die nu bekroond zou worden met een klein meisje, helemaal van ons. Ik kon Guusjes glimlach bijna voelen.

Toen ik Anna een berichtje stuurde om haar te vertellen dat ik zwanger was en een meisje verwachtte, stuurde ze me meteen iets in de trant van 'Dat zei ik toch?' terug. En ze had gelijk. Dat had ze inderdaad gezegd.

Meteen nadat Leia was geboren zei de verloskundige dat ze aan haar nagels en huid kon zien dat ze helemaal niet over tijd was geweest. Mijn uitgerekende datum klopte dus blijkbaar niet. Ik blijf me afvragen wanneer ze gekomen zou zijn als we de natuur haar gang hadden laten gaan. Hoe mooi het zou zijn geweest als ze vijf dagen later was geboren, op 29 juni, de verjaardag van

Guusjes vader en haar zoontje Dean. Dat zou echt iets bijzonders zijn geweest, al had ik geen behoefte aan nog meer symboliek. We hadden alle bevestiging die we nodig hadden al gekregen, en die simpel, maar krachtig benadrukt in haar naam.

Toen ik bezig was met de namen van mijn andere kinderen, had ik elke keer opeens iets gehoord of gelezen dat bleef hangen en precies leek te passen. Leia was een van die namen en is op even mysterieuze wijze bij ons terechtgekomen. Ik twijfelde nog even aan de spelling, wilde eerst liever de Franse spelling, Leá, maar Dinand wilde heel graag Leia en toen ik online ging zoeken en erachter kwam dat Leia 'kind van de hemel' betekent, wist ik dat dit de juiste keuze was. Het voelde alsof het zo moest zijn. Alsof het al zo was.

Leia Guusje Woesthoff werd op 24 juni 2016 geboren. Een geschenk uit de hemel.

You are the result of the love of thousands

– Linda Hogan

Claudine

IN HET VERLEDEN WAS HET GEBRUIKELIJK om te leren van de ouderen in je gemeenschap. Een hoge leeftijd stond gelijk aan wijsheid en daar had je respect voor. De ouderen waren degenen tot wie je je wendde voor advies, troost en hoop. Hun levenservaring als een onmisbare bron van wijsheid. Dit is in sommige culturen gelukkig nog steeds zo, maar in onze moderne westerse wereld is de eerbied die we voor onze ouderen hebben aan het vervagen. Ons sociale landschap wordt steeds meer gedomineerd door het individu in plaats van door het collectief en het resultaat daarvan is niet alleen een afnemend respect voor de oudste leden van onze samenleving, maar ook een afbraak van dat oude, instinctieve gemeenschapsgevoel. Is het vreemd dat steeds meer van ons het gevoel hebben dat we er alleen voor staan?

Gelukkig heb ik het grootste deel van mijn leven mijn eigen connectie gehad met de wijsheid van de ouderen. Want ik was gezegend met een geweldige oma. Zij was mijn dorpsoudste. De wijze vrouw die ik opzocht ten tijde van zorgen, blijdschap, verdriet, vreugde en twijfel.

Ze heette Claudine. Geboren in Engeland in 1929, haar tong was even scherp als haar geest en ze had geen geduld met dwazen. Het was haar op de een of andere manier gelukt om te ontkomen aan de sociale conditionering die veel vrouwen ondergaan en zei altijd waar het op stond, zelfs als dat ongemakkelijk of gênant was. Er waren veel momenten waarop ik in de grond wilde zakken als ze haar ongezouten mening losliet. En ze had natuurlijk best iets meer rekening kunnen houden met de gevoelens van anderen, maar haar directheid en eerlijkheid betekenden wel dat je altijd op puur, eerlijk en ongecensureerd advies kon rekenen. En dat is niet altijd wat je wilt horen, maar meestal wel wat je nodig hebt.

Als ik nu aan haar denk, moet ik glimlachen, het was een ouwe taaie, die oma van mij. Gevormd door de vroege gebeurtenissen in haar leven. Ze was pas twee jaar oud toen haar moeder overleed tijdens de geboorte van haar jongere zusje. Zonder dat ze wist wie haar vader was en niet begrijpende waar haar moeder gebleven was, was ze opeens een wees. Gelukkig nam de tante van haar moeder haar in huis, hoewel ze al zes kinderen had, van wie de jongste op dat moment vijftien was. Het zou een warm en liefdevol – zij het wat chaotisch – thuis voor mijn oma worden, al was het nooit helemaal van haar. Haar pasgeboren zusje werd prompt geadopteerd en later zou mijn oma's zoektocht naar haar zus haar hele leven, en dat van haar gezin, domineren. Ze kon letterlijk niet rusten totdat ze de ontbrekende vrouwelijke schakel in haar ketting had gevonden. Het heeft uiteindelijk meer dan zestig jaar geduurd.

Dat ze haar moeder al op zo'n jonge leeftijd had verloren liet littekens achter bij mijn oma. Het meest zichtbaar was dat ze het moeilijk vond om zich te hechten, zich emotioneel open te stellen en kwetsbaar te zijn. Ze was ongelooflijk zelfredzaam en stoïcijns. Ze huilde nooit (Ik zag haar een enkele traan verliezen toen mijn opa, meer dan zestig jaar haar man, stierf). Ze was gewoon meer praktisch dan emotioneel. Op een bepaalde manier een typische WO II-overlevende. Ze leefde voorzichtig en eenvoudig. Ze werkte hard en omdat ze de jongste was uit een gezin met zeven kinderen, stond ze haar mannetje. Ze vond het ook lastig om liefde te tonen aan de mensen om haar heen. Toen ze later zelf moeder werd, worstelde ze om haar affectie te tonen aan haar drie kinderen. Alsof ze de componenten die nodig waren om te functioneren miste. Misschien omdat ze zelf maar heel kort moederliefde had meegemaakt. In plaats van knuffelen en spelen liet ze haar liefde zien door een schoon en efficiënt huishouden te runnen. Zoals mijn moeder zegt: 'Ze was lief en zorgzaam, maar niet knuffelbaar.'

Ze hadden niet veel geld, maar mijn oma zorgde ervoor dat mijn moeder en haar broer en zus altijd verse maaltijden kregen, zelfgemaakte, schone kleding hadden en dat het gezin elk jaar op vakantie ging. Meestal naar de Engelse kust, samen met de rest van de Britse arbeidersklasse. Lange dagen op winderige stranden, flessen hete thee en *fish and chips* uit de krant, schuilend voor de regen achter in de gezinsauto. Dit zijn ook enkele van mijn eigen gelukkigste jeugdherinneringen met haar.

Zoals veel sterke karakters was ze niet alleen veeleisend en streng voor zichzelf, maar ook voor de mensen om haar heen. Tegenover mij, haar eerste kleinkind en enige kleindochter, was ze echter anders. Mijn herinneringen aan haar zijn overweldigend positief, hoewel ik me altijd bewust was van haar tekortkomingen. Het was bijna alsof ik de brug was die ze nodig had om zich veilig genoeg te voelen om haar liefde te tonen. Alsof ze nu, losgeweekt van de verantwoordelijkheid van een moeder, eindelijk zou kunnen wennen aan haar rol als grootmoeder en liefde kon geven.

Tot aan haar dood sprak ik haar meerdere keer per week. We woonden al lang niet meer in hetzelfde land, maar onze telefoontjes betekenden meer voor me dan ooit. Afgezien van het gevoel van een thuis en familie, bood ze me elke keer weer een nieuw perspectief op de uitdagingen en de problemen die op mijn pad kwamen. Doordat zij vijftig jaar voor mij geboren was, was haar perspectief zeer gekleurd door de ervaringen uit haar eigen jeugd. De oorlog had haar niet alleen geleerd om gedisciplineerd te zijn en een bescheiden leven te leiden, maar ze was zich ook bewust van de broosheid en vergankelijkheid van het leven. Boven alles heeft het haar vermogen om in het moment te leven aangescherpt en haar geleerd om dankbaar te zijn voor het kleinste lichtpuntje. Ik volgde haar advies niet altijd op, maar ik luisterde wel en haar ervaring gaf mij een helderheid die voor mij van onschatbare waarde was. Een helderheid die mijn vriendinnen noch mijn moeder me konden geven.

Ik ontving het nieuws van mijn oma's overlijden net voor kerst 2015, toen ik zwanger was van mijn dochter. Ze was in de weken daarvoor ziek geweest. Haar snelle achteruitgang werd veroorzaakt door een lelijke val en versterkt door het verdriet om het verlies van mijn opa, niet lang daarvoor. Ik ben een aantal dagen bij haar in het ziekenhuis geweest, nauwlettend de afdeling en het verplegend personeel in de gaten houdend. Ik hield voorzichtig haar nu fragiele hand vast en streelde met mijn duim haar flinterdunne huid.

Tijdens die intens verdrietige dagen kon ik niet alleen voelen, maar ook zien hoeveel we voor elkaar betekenden. We wisten allebei dat ze stervende was, maar toch lachten en praatten en hielden we van elkaar. Ondanks haar fysieke zwakte was haar geest helder als altijd, maar we wisten allebei dat het niet lang meer zou duren voordat ook die achteruit zou gaan. We hadden lange gesprekken over haar verleden, mijn kinderen, mijn leven in een ander land en de toekomst. Ze was intens blij toen ik haar vertelde dat ik zwanger was en een meisje verwachtte. Ik zal nooit vergeten hoe doordringend ze me aankeek toen ze zei: 'Goed gedaan Lucy.' Het is heel goed mogelijk dat ik nog nooit zo trots ben geweest.

Tijdens haar verblijf in het ziekenhuis logeerde ik in haar huis en reisde elke dag op en neer om haar te bezoeken. De ene dag nam ik een schone nachtjapon en duster voor haar mee, de andere haar eigen, speciale, porseleinen theekopje met 'echte' thee. Ik wilde haar opvrolijken. Het enige wat ze écht wilde was naar huis gaan.

De avonden die ik alleen in haar huis heb doorgebracht, horen tot mijn dierbaarste momenten. Op advies van mijn man heb ik de tijd genomen om langzaam en zorgvuldig door haar huis te gaan, om de plek van haar slippers, haar onaangeroerde leesbril en haar laatste boek in mijn geheugen te griffen. Ik heb foto's gemaakt van elk detail dat op de een of andere manier belangrijk voor me was. Die foto's zouden in de ogen van iemand anders waarschijnlijk nogal bizar lijken, maar vanzelfsprekend voor iedereen die haar kende. Waar de leunstoelen van haar en mijn opa stonden in de woonkamer. Een collectie zilveren lepels, liefdevol verzameld door de jaren heen, die tentoongesteld waren in een vitrinekastje. Dozen met linten en knopen. Het prachtige sepia fotoportret in de hal van de moeder die ze nooit had gekend. Deze tastbare rekwisieten vormden het belangrijkste toneel uit mijn leven. Ik wou alleen dat ik de geur had kunnen bottelen en het geluid van de tikkende klok uit mijn jeugd had kunnen opslaan, omdat ik wist dat het de laatste keer zou zijn dat ik deze dingen zou ervaren terwijl ze nog leefde.

En inderdaad, de volgende keer dat ik in het huis kwam, was toen ik met Dinand terugkeerde voor haar begrafenis. Mijn zwangere buik was nu duidelijk zichtbaar. Stevig en onvermijdelijk onder mijn zwarte jurk. Een niet te onderdrukken teken dat het leven doorgaat, of je wil of niet, en ongeacht het verlies dat je op dat moment ervaart. Ze vond het geweldig om de overgrootoma van mijn drie zonen te zijn, maar ik had zo graag gewild dat ze mijn dochter ook had leren kennen, en Leia haar.

Ik had, enkele maanden eerder, al aangeboden om iets te zeggen tijdens haar begrafenis. Dat had ik haar beloofd. Ze dacht dat er anders vooral 'veel onzin voorgelezen zou worden' en dat wilde ze niet. Ze wist dat ik haar niet teleur zou stellen, zei ze. Ik weet zeker dat ze trots geweest zou zijn. En onverwacht was het ook een geschenk voor mij. Als haar oudste kleinkind en enige kleindochter, was het alsof ik mijn laatste plicht had vervuld en daarmee kon ik haar eindelijk loslaten.

Na haar dood voelde ik een enorme leegte op de plek waar ze ooit geweest was. Niet in de eerste plaats haar fysieke aanwezigheid, maar vooral in de cirkel van vrouwen die ik om mij heen heb. Sommige dagen voel ik nog steeds onverwacht het ongeloof en de pijn van die eerste dagen en weken, alsof het gisteren gebeurd is.

Nu, bijna vijf jaar later, denk ik dat ik haar goede raad het meeste mis. Ik mis haar in de rol van dorpsoudste. Ik moet het nu doen met wat ik me voorstel dat ze me zou adviseren. Ik denk dagelijks nog aan haar en hoewel ik haar stem, lach en aanwezigheid in mijn leven mis, ben ik me nog steeds sterk bewust van haar liefde en begeleiding. Onze hechte en intense band eindigde niet met de dood.

Mijn oma was mijn connectie met het verleden. Een connectie die veel dieper geworteld was dan ik wist. Nadat ze was overleden begon ik na te denken over haar moeder en grootmoeder. Ik voelde dankzij haar de connectie met mijn voorouders en dan vooral met de vrouwen die mij voorgingen in onze bloedlijn. Wie waren ze? Tegen wat voor problemen waren ze aangelopen? Zouden zij ook over mij gedagdroomd hebben, zoals ik weleens dagdroom over de kleinkinderen van mijn kinderen?

Ik geloof dat met name onze vrouwelijke voorouders op dit moment diep verbonden met ons zijn. Hun liefde en wensen voor ons echoën door de tijd om ons in het hier en nu te bereiken. Een beetje zoals een groepje kosmische cheerleaders die voor jou aan de zijlijn staat te juichen. Het feit dat mijn oma nu onderdeel van dat team is geeft me troost. Ik weet nu dat liefde generatieoverstijgend is. Een kleine generationele afstand heeft het voor mijn oma mogelijk gemaakt om liefde te geven op een manier die ze niet aan mijn moeder, tante of oom kon geven en ze gaf mij het veilige gevoel dat alleen oma's kunnen geven. In haar fysieke afwezigheid wend ik me nu tot alternatieve dorpsoudsten. Ik bezoek genezers, graaf dieper in mijn eigen verleden, op zoek naar contact met mijn voorouders, naar vriendschappen en verbintenissen met andere vrouwen. Ik investeer in mijn kring van vrouwen en bovenal troost ik mezelf met een herinnering om de liefde vast te houden en niet het verlies. Want mijn oma is net zo dichtbij als ze ooit was.

* *Een dag nadat ik dit hoofdstuk had geschreven, ontving ik het nieuws dat Barbara, de* long lost *zus van mijn oma, was overleden na een korte ziekte. Ze was 89 geworden. Het is mooi om te bedenken dat de zussen, nu ze al die jaren, nee decennia, hebben gewacht om elkaar te vinden, nu eindelijk herenigd worden in het hiernamaals. Niet alleen met elkaar, maar ook met hun moeder – Tilly Bailey. Een moeder die ze nooit kenden, maar naar wie ze hun hele leven hebben verlangd.*

Claudine Hopkinson
(1929-2015)

Go
bravely,
go deeply...
or
do not go...

Sister-
HOOD

IK ZIE STEEDS MEER VROUWEN die het hebben over *sisters* en *sisterhood*, en dat inspireert me. Zonder dramatisch te willen overkomen: het geeft me hoop. Elke keer dat dat woord wordt gebruikt, komt de betekenis meer tot leven. Het idee stijgt op uit boeken en de tweedimensionale posts op onze schermpjes en verovert zo zachtjes onze harten en onze dagelijkse interacties.

Sisterhood zou geen moeite mogen kosten, het zou de normaalste zaak van de wereld moeten zijn. In een wereld waar vrouwen duizenden jaren onderdrukt, uitgebuit en vermoord zijn, zou je denken dat het makkelijk voor ons zou zijn om samen te komen met compassie en liefde voor elkaar. Maar de geschiedenis wordt niet opeens herschreven, net als dat onze cultuur en geloofssystemen niet opeens zullen veranderen zonder tijd, strijd en weerstand.

De realiteit is dat de relaties die wij moderne vrouwen met elkaar hebben nog steeds gecompliceerd zijn en dat zelfs de besten van ons er nog niet zijn. Praten over sisters en sisterhood mag dan goed voelen, maar het is slechts schijn als het alleen gaat over vrouwen die dicht bij ons staan of als we alleen aardig zijn tegen vrouwen die we kennen en begrijpen.

We kunnen niet zeggen dat we andere vrouwen steunen als een zus, om ze vervolgens aan de kant te zetten op het moment dat de eerste uitdaging om de hoek komt kijken. We kunnen het niet authentiek en integer hebben over vrouwelijke empowerment als we haar de eerste de beste keer dat ze het niet met ons eens is voor de wolven gooien.

Het klinkt misschien idealistisch, maar dit is niet iets luchtigs of liefs. Voor mij gaat sisterhood over kracht en integriteit. Ik geloof niet dat het een term is om te gebruiken wanneer het lekker gaat. Nee, sisterhood is juist een term die we zouden moeten gebruiken als het even niet zo lekker gaat. Als we het niet met iemand eens zijn. Of wanneer er sprake is van competitie of een conflict. Dit zijn de momenten waarop we sisterhood nodig hebben.

Wanneer we vriendschap sluiten met een vrouw die niemand bij ons zou verwachten. Als we tegen de massa in gaan, omdat we diep vanbinnen voelen dat dat is wat we moeten doen. Als we elkaar helpen zonder er zelf beter van te willen worden. Als we de verleiding weerstaan om te oordelen en te vergelijken, en ervoor kiezen om in plaats daarvan te steunen en te bewonderen. Dát is sisterhood. De echte dan, hè, niet alleen een hashtag.

Sisterhood gaat over luisteren, praten en meebewegen zoals alleen vrouwen dat kunnen.

Sisterhood gaat over elkaar omhoog helpen in een wereld waarin we al genoeg naar beneden gehaald worden.

Sisterhood gaat over samenwerken, ook als we het niet met elkaar eens zijn.

Sisterhood is elkaar liefhebben, zelfs wanneer we denken dat we dat niet kunnen.

A few things I wished I'd known when I was younger:

7. Don't take things so personally.

8. The way you look isn't
who you ARE.

9. Your group of friends will change
as you grow and that's ok.

There
is my heart,
and then
there is you,
and I'm
not sure
there is a
difference

– *A.R. Asher*

.She is my muse

ALS IK NAAR MIJN DOCHTER KIJK, zie ik een spiegelbeeld van de vrouw die ik altijd heb willen zijn. Misschien zelfs een echo van het kind dat ik ooit was.

Krachtig en sterk.
Expressief en dominant.
Nieuwsgierig en avontuurlijk.
Onverschrokken en vrij.
Ze groeit op in een huis vol alfamannen
en toch is ze de baas.

Lief en grappig.
Zacht en vriendelijk.
Delicaat en kwetsbaar.
Een dansende, zingende vlinder.
Pailletten, tule, roze, prinsessen...

Zij is mijn muze.

Sinds haar geboorte voel ik me meer vrouw.
Niet omdat zij mij compleet maakt, maar omdat ze me inspireert om meer mezelf te zijn.
Ik was op de een of andere manier vergeten dat ik ook sterk en kwetsbaar kon zijn. Dominant en lief. Een onverschrokken leider in roze glitters.

Waarom ik dit gegeven onderweg kwijt was geraakt, is niet zo moeilijk te raden. De wereld is nu eenmaal een uitdagende plek voor kleine meisjes en de vrouwen die ze zullen worden. En toch heeft ze mijn ogen geopend. Het is een geweldig geschenk om spiritueel opgevoed te worden door je eigen kind.
Ik word er door haar onschuldige verwachtingen en onverstoorbare karakter elke dag aan herinnerd dat vrouwen inspirerende en ingewikkelde wezens zijn, mysterieus en duidelijk tegelijkertijd.
Perfect ontworpen om het dorp niet alleen te leiden, maar er ook voor te zorgen.

Dankzij mijn dochter weet ik weer dat ik niet het brave meisje hoef te zijn. Ik hoef wie ik echt ben niet kleiner te maken. Ik weet dat ik wel degelijk indruk kan maken in een mannenwereld, terwijl ik tegelijkertijd mijn vrouwelijkheid volledig omarm.

Ik word herinnerd aan dat wat mij echt mij maakt en ik ben niet van plan dat ooit nog te vergeten. Maar mijn voornaamste doel is om ervoor te zorgen dat *zij* er nooit aan herinnerd hoeft te worden.

Ze is in mijn glimlach en in mijn dromen.
Ze is mijn moed en mijn hoop.
Zij is mijn muze.

A few things I wished I'd known when I was younger:

10. Stop explaining yourself.

11. Life doesn't just happen to you.
It is what you make it.

12. Don't shrink yourself in order to make others feel comfortable.

No regrets

Tattoo

IK HEB TOT IK BIJNA VEERTIG WAS nooit een tatoeage gewild. Ik vond het dan ook nogal een rare leeftijd om ermee te beginnen. Hoe dan? Zou ik een oppas regelen voor de kids en afreizen naar de tattooshop? (Ja dus.) Als het gekke dagje uit van een gefrustreerde huisvrouw? Zelfzorg met *benefits*. Had ik een midlifecrisis? Of kwam het doordat ik eindelijk wat te zeggen had? Misschien een beetje van beide.

Ik denk dat sommige mensen het overdreven zullen vinden, maar voor mij zegt het beeld dat ik kies, een zorgvuldig geselecteerd symbool, iets. Voor mij zijn tatoeages verhalen, kostbare memento's, liedjes, een permanent, levend testament van de belangrijkste dingen uit mijn leven tot nu toe. Ze zeggen iets over waar je in je leven staat. Geen versiering, maar een statement over wie ik ben en een herinnering aan wie ik wil zijn.

Mijn tatoeages zeggen dat ik leef en leer. Ik heb meerdere kanten en ben complex. Ik ben 41 en ben mezelf nog steeds aan het ontdekken. Ik word ouder, maar voel me jonger dan ooit. Ik heb liefgehad en verloren. Ik heb het naar mijn zin. Een voor een vormen mijn tatoeages een externe kaart naar de innerlijke wegen van mij. Voor de buitenwereld slechts een subtiele suggestie, maar voor mij een permanente bevestiging in inkt.

Mijn tatoeage is een gevoel dat ik vast wil houden, wil behouden. Het is een reminder, een naam, een glimlach die ik zichtbaar wil maken voor mezelf, voor de rest van mijn leven. Ik wil dat gevoel erkennen en er niet meer onderuit kunnen. Ik wil het vieren met iets permanents. Mijn eerste tatoeage was de naam van mijn oma, Claudine, aan de binnenkant van mijn linkerpols. Licht en zwierig om te symboliseren hoe mooi mijn herinnering aan haar is. Ondersteboven naar de buitenwereld, altijd in zicht en leesbaar voor mij.
Elke keer als ik hem zie, voel ik me verbonden met alles wat zij is geweest en wat ze nog steeds is. Deze ene kleine tatoeage is als soort tijdmachine waardoor ik naar haar en haar liefde kan reizen. Ik zou mijn hele lichaam wel met zulke wormgaten willen vullen.

Tatoeages betekenen voor mij geen spijt en geen twijfels. Je niet langer druk maken om de mening van anderen. Je geen zorgen maken over hoe je lichaam eruit gaat zien als het oud en verrimpeld is. Het is wat het is. Voor mij is de tatoeage de perfecte viering van het nu.

De pijn van een tatoeage is ook een interessant gegeven. Ik ben van mening dat een tatoeage veel minder bevredigend en betekenisvol zou zijn als het geen pijn deed. Zou het even spannend zijn als het makkelijk en pijnloos was? Dat denk ik niet. De pijn is onderdeel van de spanning en aantrekkingskracht, in elk geval voor mij. Als het klaar is, voelt het als een prestatie. Alsof alle moeite niet alleen door de artiest is gedaan, maar dat ik ook mijn kleine deel heb bijgedragen.

Wat het ook moge zijn, ik geef toe dat ik nu verslaafd ben geraakt aan dit proces. Het verlangen naar een nieuwe tattoo komt in golven. Ik kan er maanden niet echt mee bezig zijn totdat ik opeens weet wat mijn volgende moet zijn. Als dat idee er eenmaal is, dan knaagt het aan me totdat ik de afspraak heb gemaakt en ik op het bed lig. Ik stel me voor dat dit proces uiteindelijk vanzelf ten einde komt. Hoeveel verhalen wil en moet ik nog vertellen? Tot die tijd *I go with the flow.* Dagdromend over de volgende en wachtend op dat ene idee dat zich opeens aan me openbaart en het verlangen naar het krassen van de naald op mijn huid.

A few things I wished I'd known when I was younger:

13. Everyone is nervous about something.

14. It's better to be alone, than to be unhappy with somebody.

15. Put yourself on the top of your priority list.

I am in on-going relationship therapy with the concept of beauty.
I don't believe that I am unique.
I like beautiful things, but know that it is meaning, which really makes me happy.
I want to look good, but know that my appearance is not who I am.
I envy the glow of youth, but am more content with each day that passes.
I resent the idea that a woman's value is to be found in her beauty, not her character.
I work to distract myself from thinking too much about the way I look.
I know that beauty fades.

I remind myself that I am impressed by the way someone talks, thinks, acts, laughs.
I find beauty in the real things.
I am grateful for my health.
I keep my doubts to myself (little eyes and ears are watching me).
I remember that life is short and time is precious.
I seek out inspiration.
I avoid comparison.
I focus on a beautiful heart.
I ask myself, when I am no longer here, what do I want to have left behind?

Take more chances, dance more dances

Desire

INTIMITEIT EN VERLANGEN zijn dingen waar ik de laatste tijd vaak aan moet denken. Verbaast dat je? Mij ook een beetje. Als je nagaat dat ik al zestien jaar in een monogame relatie zit en net begin te wennen aan het feit dat ik nu een veertiger ben, had ik niet gedacht dat deze interesses zich nu opeens aan zouden dienen. Maar net zoals ik me in de afgelopen jaren langzaam ben gaan ontwikkelen op andere vlakken in mijn leven, zie ik ook verlangen en intimiteit in een nieuw licht.

Na bijna twee decennia het bed gedeeld te hebben met dezelfde man, kan ik met een gerust hart zeggen dat we dezelfde seksuele taal spreken. 'Betekenisvol' en 'gezond' zijn een paar woorden die ons seksleven op een 'geschikt voor alle leeftijden'-manier beschrijven. Er zijn ook andere woorden die ik zou kunnen gebruiken, maar een toereikende en nette analogie zou zijn om ons seksleven te omschrijven als een vertrouwde, bekende landkaart waar we telkens weer met enthousiasme naar terugkeren. Belangrijke gebieden en lievelingsplekjes zijn bekend en worden veel bezocht, maar toch ontdekken we door middel van grondige en uitgebreide verkenningstochten nog vaak genoeg nieuwe plekjes. Gelukkig!

Je proeft mijn opluchting, omdat ik denk dat veel mensen bang zijn dat een relatie na een tijdje saai of op zijn minst voorspelbaar kan worden. Ik begrijp waarom sommige mensen die al heel lang met dezelfde partner zijn en bij wie het in de slaapkamer misschien wat ingedut is, dan buiten hun relatie op zoek gaan naar iets nieuws en spannends. Of dat dat bijvoorbeeld gebeurt na de komst van die kleine nachtbrakers (beter bekend als kinderen) of misschien in de aanloop naar een (kleine) midlifecrisis. Dat stellen dan soms buiten hun boekje gaan als er thuis niets nieuws meer te ontdekken valt en op zoek gaan naar nieuwe spannende avonturen buiten de deur. Maar ik niet. Ik ben niet op zoek naar een avontuurtje of een nieuwer model, maar ik ben wel nieuwsgierig. Daarom kijk ik in plaats van naar buiten naar binnen, dieper in mezelf. Ondanks het vermoeden dat ik nu gewoon in de fase van mijn leven zit waarin ik mijn eigen seksualiteit voor het eerst echt leer begrijpen en waarderen, heb ik ook het sluimerende gevoel dat er in mij nog flink wat onontdekte seksuele energie schuilgaat.

De factoren die bijdragen aan mijn nieuw ontdekte seksuele potentie zijn niet bijzonder exotisch of uniek. Leeftijd en ervaring lijken belangrijke factoren te zijn, net als mijn groeiende zelfvertrouwen. Vertrouwen in wie ik aan het worden ben en acceptatie van wie ik was, gecombineerd met een toenemende waardering van mijn lijf. Nee, niet omdat het perfect is (geen zin, tijd of ambitie), maar omdat het zacht, sterk en geweldig is en me al die tijd heeft gedragen. Ik weiger om nog langer dit prachtige staaltje van gezondheid en vitaliteit te beledigen door me zorgen te maken over een *wobble* hier of daar. Helemaal sinds ik me realiseer dat hij dat ook niet doet.

Ik heb ook ontdekt dat ik alleen al het nadenken over het soort vrouw dat ik wil zijn verrassend sexy vind. Meer tijd maken voor zelfreflectie heeft me dichter bij mijzelf en bij mijn eigen innerlijke kracht gebracht, en dit bleek even verjongend als opwindend te zijn. Bewegen, werken en groeien hebben iets erotisch, althans voor mij. Is dat niet de ultieme definitie van zelfliefde? Daarnaast heeft de veranderende dynamiek binnen ons gezin denk ik ook een grote rol gespeeld.

Het was eerder simpelweg niet relevant, maar nu we besloten hebben om geen kinderen meer te krijgen, is het alsof seks een nieuwe, onverwachte wending heeft gekregen. Alsof ik onderbewust weet dat het nu alleen nog maar een bron van plezier is, waardoor ik er anders naar ben gaan kijken.

Begrijp me niet verkeerd, seks was altijd fijn, maar nu de slapeloze nachten afnemen en de kinderen ouder worden, lijkt het wel alsof er langzaam maar zeker meer tijd en – nog veel belangrijker – nieuwe energie in mij vrijkomt. Kan dit die befaamde seksuele piek zijn die vrouwen van 40+ zouden moeten ervaren door de stortvloed van hormonen die de aanstaande menopauze met zich meebrengt? Of is het dat ik, na jaren moederen, eindelijk weer wat ruimte voor mezelf voel? Wat het ook is, deze omslag is zo kwetsbaar, subtiel en persoonlijk dat ik het moeilijk vind om erover te schrijven, of eigenlijk het in woorden te vangen. Maar ik voel het wel. Alsof iets in mij nu heeft gezegd 'zo, en nu is het tijd voor jou'. Wat mijn man hiervan vindt? Nou, hij is geamuseerd, geïntrigeerd en eerlijkheidshalve ook best optimistisch. Ha! Feit is dat ik opeens veel meer interesse voor het hele gebeuren heb. Niet alleen voor de seks, maar ook voor de aard van verlangen, en nog belangrijker, MIJN verlangen.

Hoewel ik erg van seks geniet, is mijn libido, mijn *sexual appetite*, nooit zo groot, of misschien beter gezegd, zo instinctief geweest als dat van mijn man. Hij wordt meestal eerst gedreven door verlangen dat later omslaat in opwinding. Ik moet vaak eerst opgewonden zijn voordat ik verlangen voel en dit is waar het misschien makkelijk mis kan gaan als je elkaar niet begrijpt en niet weet hoe de ander werkt. Hoeveel en hoe vaak ik zin had leek altijd meer complex en fragiel dan bij mijn man en als we dan (onvermijdelijk) even niet op één lijn zaten, maakte ik me druk om deze verschillen in plaats van dat ik ze probeerde te begrijpen. Zoals veel vrouwen helaas dat vaak doen keek ik eerst naar mezelf, was ik normaal? Was hij tevreden? Het is een eenzame vicieuze cirkel, omdat er weinig dingen zijn die minder opwindend zijn dan het idee dat je misschien je seksuele mojo bent kwijtgeraakt, laat staan dat je dat aan jezelf toe moet geven.

Ik raakte onlangs geïnspireerd door een documentaire (*Mijn seks is stuk* van Lize Korpershoek) over de vrouwelijke relatie met seks en verlangen. Het bleek dat onze sekslevens helemaal niet zo spetterend zijn als het altijd lijkt, maar in veel gevallen juist fragiel en kwetsbaar. De documentaire raakte duidelijk een gevoelige snaar. Online las ik veel gepassioneerde comments van vrouwen die zich door de film niet alleen vertegenwoordigd, maar ook geïnspireerd voelden. Een gevoel van solidariteit. Een collectief ingehouden adem uitblazen. Uiteraard begreep niet iedereen de film. Sommige oudere mannen raakten ervan in de war. 'Vrouwen die op zoek gaan naar hun eigen seksuele genot? Wat een onzin!' Maar ik dwaal af. Feit is dat de documentaire zo mooi was, omdat hij zo intiem en kwetsbaar was. En, zoals het een goede docu betaamt, zette hij me aan het denken.

Een van de seksuologen die aan het woord kwamen tijdens de documentaire legde uit dat onze relatie met seks een uitzonderlijk goede graadmeter is voor hoe het met ons gaat. En dan heb ik het niet over onze stemming van dag tot dag, maar over hoe het écht met ons gaat, op het diepste niveau. Omdat seksualiteit zo dicht bij onze ziel ligt, kan het zijn dat het aan de oppervlakte prima lijkt te gaan, terwijl als we diep vanbinnen geen of niet volledig innerlijke rust ervaren, onze seksuele energie ook uit balans kan raken.

Zó voor de hand liggend en zó simpel en toch had ik er nog nooit op deze manier over nagedacht. Ik heb altijd gedacht dat seks gedreven werd door puur instinct, iets wat mensen deden voor hun plezier en om zich voort te planten. Ik had er nooit over nagedacht hoezeer mijn seksualiteit verbonden was met mijn eigen ziel. Hierdoor begon ik na te denken over de seksuele voorlichting die ik zelf had gehad, of eigenlijk niet had gehad. Het was zowel een verklaring voor de periodes waarin ik helemaal geen verbinding voelde met mijn seksuele verlangen, als voor de enorme toename in energie die ik ervaar nu ik meer in balans ben. Wat een openbaring!

Het lijkt wel alsof alles verandert naarmate ik ouder word, dus ook mijn blik op seks. Of eigenlijk meer mijn blik op intimiteit. Ik gebruik tegenwoordig liever het woord intimiteit dan het woord seks. Niet omdat ik preuts ben, maar omdat seks voor mij draait om intimiteit. Het suggereert namelijk iets meer dan alleen iets fysieks, een connectie, diepgang. Het suggereert een dans tussen twee mensen, en ik ben dol op dansen. Maar bovenal suggereert het iets wat in mijn ziel gebeurt.

Seksualiteit en waar je opgewonden van raakt is natuurlijk een enorm persoonlijk onderwerp, maar uit onderzoek blijkt dat we, ongeacht het gender waarmee we ons identificeren en/of onze seksuele geaardheid, over het algemeen allemaal dezelfde fantasieën en wensen hebben wat betreft ons seksleven. En ik durf er mijn hand voor in het vuur te steken dat veel vrouwen ongeveer dezelfde relatie met seks hebben als ik, in die zin dat het tegelijkertijd complex en simpel is.

De mate waarin mijn interesse in intimiteit groeit en krimpt hangt af van een enorme hoeveelheid willekeurige factoren, die variëren van hoeveel uur ik heb geslapen tot het weer en van waar ik op dat moment ben tot in welke periode van de maand ik mij bevind, maar de enige constante, die de docu ook zo duidelijk laat zien, is hoe ik me VOEL. Zit ik niet lekker in mijn vel? Weinig interesse. Maar als ik me goed voel, kan ik van het minste of geringste opgewonden raken. Met de juiste benadering kan ik binnen enkele minuten, zo niet seconden, seksueel oplichten als een *erotic lightbulb.*

Maar, wat betekent opwinding nou echt voor mij? Eerlijk? Ik wil dat mijn partner mij begeert. Ik geef toe dat het nogal ongemakkelijk voelt om dat zo op te schrijven, is het überhaupt wel politiek correct om dat toe te geven?

Maar het is nu eenmaal zo dat het voor mij van cruciaal belang is dat ik me *desired* voel. Daarnaast moet ik me op mijn gemak, veilig en comfortabel voelen. Dat ik gewoon mezelf kan zijn zonder zorgen, met de lichten uit of aan. Er moet een fijne sfeer hangen, het liefst met veel plezier en gelach. Er moet ook lekker veel positieve aandacht buiten de slaapkamer zijn. Een complimentje hier, een kleine aanraking daar. Het gevoel dat we samen vrij kunnen zijn. Dat we vrienden zijn. Dat we verbonden zijn. Dat we lol hebben. Met andere woorden, de heilige graal van 'de chemie'. En wat dus interessant is, is dat de niet-seksuele interacties die ik met mijn partner heb evenveel bijdragen aan mijn gevoel van verlangen als de seksuele. Zie je, simpele dingen in een complexe verpakking. Ik zei het toch?

Ik kan me voorstellen dat dit alles nogal deprimerend klinkt in de oren van een potentiële mannelijke partner. Alsof hij mijn gevoelige ziel wekenlang moet pamperen en masseren om ervoor te zorgen dat ik ook maar het kleinste beetje opgewonden raak, maar dat is niet het geval. Ik denk dat het meeste waar ik het hier over heb in elke gezonde, liefdevolle relatie voorkomt, maar ik weet ook dat het makkelijk is om door de jaren heen de vonk een beetje kwijt te raken en ik denk dat dit een goed moment is om toe te geven dat het allemaal een kwetsbare balanceeract is die een man zomaar zou kunnen onderschatten, omdat het zoveel verschilt van zijn eigen relatie met seks. Dit is waarom ik geloof dat vrouwen het heft in eigen hand moeten nemen als het aankomt op hun eigen opwinding en verlangens. *No more good girls!* Laten we opener zijn over onze kwetsbaarheden en onze diepste verlangens. Laten we vaker en duidelijker communiceren, delen en verkennen met onze partners. Want als de balans precies goed is, is het magisch. En als dat niet zo is, ach, dan heb ik waarschijnlijk hoofdpijn.

Not flesh of my flesh, Nor bone of my bone, But still miraculously my own. Never forget for a single minute, You didn't grow under my heart – but in it

– Fleur Conkling Heyliger

I am a mother

IK ONTVING LAATST een bericht op Instagram, een boze. Gelukkig gebeurt dit niet vaak, maar dat maakte wel dat ik het nogal ongemakkelijk vond om te lezen. (Ik moet eerlijk bekennen dat ik nogal verwend ben met de online positiviteit die ik ontvang.) Het bericht kwam van iemand van wie ik nog nooit gehoord had. Deze persoon was boos over een post van een paar dagen eerder. In mijn bericht had ik gezet dat ik de moeder ben van vier kinderen, en niet de stief- of bonusmoeder van een van die kids, maar gewoon moeder van alle vier.

De persoon die me berichtte was niet alleen zomaar een beetje geïrriteerd, ze was laaiend. Ze voelde zich geroepen om mij te vertellen dat ons oudste kind, Dean, niet mijn zoon was en dat ook nooit zou zijn. Ze vond dat ik niet alleen loog door te zeggen dat ik zijn moeder was, maar dat ik ook zijn eigen moeder hiermee beledigde. Ze ging maar door over het feit dat ik nooit zijn moeder zou worden en dat ik dat niet moest vergeten. Ik mocht hem dan misschien wel opgevoed hebben, maar omdat ik hem niet zelf had gedragen, hem geen borstvoeding had gegeven en hij niet mijn DNA had, kon ik nooit meer worden dan zijn stiefmoeder.

Ik was eerst boos en overstuur. Verbaasd over de directe aanval en gekwetst door hoe definitief haar oordeel was. Een vreemdelinge die dacht ze het recht had om me via social media te contacten om de bijzondere relatie die ik met mijn kind heb af te branden. Helaas staat ze niet alleen in haar mening. Het is niet de eerste keer dat ik dit te horen heb gekregen en het is eerlijk gezegd een van de dingen die me de afgelopen jaren het meeste verdriet hebben gedaan. Het was een strijd die binnen in mij woelde, een strijd tussen wat ik instinctief wist dat het beste was voor mijn zoon en wat de buitenwereld zei dat we van elkaar waren of *konden* zijn.

Haar bericht triggerde veel pijnlijke emotie en mijn eerste instinct was dan ook om haar alleen een boze middelvinger terug te sturen en haar te blokkeren. Maar ik aarzelde. Gelukkig ken ik mezelf inmiddels zo goed dat ik weet dat mijn eerste, impulsieve reactie in dit soort situaties nooit de beste is. Sommigen mensen zullen zeggen dat ik op mijn intuïtie moet vertrouwen, maar een reactie die voortkomt uit een reflex was in deze situatie niet op zijn plaats, niet alleen omdat dat niet is wie ik wilde zijn, maar ook omdat ik, hoewel ik deze persoon niet kende, de pijn tussen de regels door kon lezen.

Ik dacht erover na en kon toen begrijpen dat als je ons niet kent en nooit in onze schoenen hebt gestaan, onze gezinssituatie en hoe blij we daarmee zijn, misschien een beetje vreemd of zelfs verkeerd lijkt. Maar ik had vooral medelijden met haar. Ik vond het verdrietig dat deze persoon, die ik nog nooit had ontmoet, zo boos was geworden door de liefde die ik voel voor mijn zoon. Dat iets in haar leven haar zoveel pijn had gedaan dat ze daadwerkelijk boos kon worden over de liefdevolle keuzes die ik had gemaakt in het mijne.

Ik heb namelijk nooit gezegd dat ik Deans enige moeder ben. Ik heb nooit beweerd zijn biologische moeder te zijn, want dat ben ik niet, en ik heb de aanwezigheid van zijn moeder in ons leven nooit ontkend. In plaats daarvan hadden wij (Dinand en ik) al vroeg besloten dat we eerlijk tegen Dean zouden zijn over de situatie waar hij zich samen met ons in bevindt. Niet alleen omdat we wisten dat de waarheid vertellen eigenlijk de enige juiste optie is, maar ook omdat we anders het bestaan van zijn moeder zouden ontkennen.

Deans moeder is elke dag onderdeel van ons gezin. Niet alleen voor hem, maar voor ons allemaal. In het werk dat we doen, in ons gelach, onze overwinningen en ja, soms ook in onze tranen. We zijn een gezin dat verloren en gerouwd heeft en dat desondanks een manier heeft gevonden om door te gaan, zonder daarbij het verleden te vergeten of te ontkennen, maar juist door het te vieren.

Als je de definitie van moederschap googelt, dan vind je het volgende: *'Motherhood is the state or experience of having or raising a child'*. Er staat nergens dat je die persoon dan bezit of iets over DNA of borstvoeding (zoals in dat boze bericht te lezen stond) of zelfs dat moederschap enkel door één persoon kan worden ingevuld. Het suggereert echter wel iets wat Guusje en ik allebei delen, namelijk de ervaring van een kind opvoeden, samen.

De definitie uit het woordenboek is natuurlijk veel te simpel om volledig te omschrijven wat het moederschap echt is, maar is in zijn zwart-witte eenvoud wel handig om te illustreren dat je dus niet van iemand hoeft te bevallen om diens moeder te zijn. Moederschap gaat over zwangerschap, bevallen en DNA. En ook over zorg, steun, aandacht en bescherming. Maar het gaat in de eerste plaats over liefde. Ik ben ervan overtuigd dat het niet uitmaakt waar die liefde vandaan komt, zolang die er maar is.

Moederliefde is onuitputtelijk, het past niet in een hokje en conventionele benamingen doen haar geen eer aan. Moeder, stiefmoeder en bonus-moeder – het maakt niet uit hoe je het noemt, als het maar goed voelt! De liefde voor je kind (biologisch of niet) is oneindig en allesomvattend, een echte natuurkracht. Het houdt niet op na de eerste, maar breidt zich met elk kind verder uit, zodat ook zij zich erin onder kunnen dompelen en kunnen genieten van dezelfde intensiteit en kracht als je eerste. Die liefde is zo sterk dat het je bijna de adem beneemt. Je zult liefhebben op een manier die je nooit voor mogelijk had gehouden.

Ik erken dat het voor mij misschien makkelijker was om de moeder van Dean te worden, dan in een andere situatie. Hij was nog erg jong toen ik in zijn leven kwam en hij had geen moeder meer. Haar overlijden liet een diep gat achter, een gat dat onmogelijk opgevuld kan worden, maar waar ik wel de ruimte vond om het in elk geval te proberen. Ik begreep al snel dat Dean en ik er allebei niets aan zouden hebben als ik niet mijn best zou doen om voor hem een echte, volwaardige, niet-perfecte – en daardoor perfecte – moeder te worden. In die eerste jaren wist ik niet of hij me ooit wel zo zou gaan zien. Dat was eng, want zo veel van iemand houden maakt je kwetsbaar. Het feit was dat ik zowel zijn vertrouwen als zijn hart moest winnen en dat dat niet zou gebeuren als ik er alleen naar streefde zijn 'voogd' te zijn. Dat zou niet goed zijn. Niet voor hem, niet voor mij en al helemaal niet voor zijn biologische moeder.

Zijn moeder worden was tegelijkertijd mooi, gemakkelijk en supermoeilijk. Ik heb lang gedacht dat dit kwam doordat ik niet zijn biologische moeder was, maar nu weet ik dat het altijd prachtig en zwaar is om moeder te worden, op allerlei verschillende manieren. Het maakt niet uit wie je bent of in welke situatie je zit. Ik heb het mezelf heel moeilijk gemaakt door mijn onzekerheden en angsten de overhand te laten nemen. En dat is, nu ik erover nadenk, altijd al de oorzaak geweest van mijn problemen.

Het feit dat ik niet zijn biologische moeder was, was lange tijd mijn emotionele zwakke plek, omdat ik veel meer dan nodig was aan mezelf twijfelde. De normale onzekerheden die elke moeder ervaart werden uitvergroot en namen belachelijke vormen aan. Ik dacht dat ik niet moeder genoeg was, en helaas werd deze aanname soms bevestigd door de mening van anderen. Ik voelde dat ik niet over genoeg autoriteit en geloofwaardigheid beschikte voor deze rol, omdat ik niet zwanger was geweest en niet was bevallen. Ik maakte alles veel groter en zwaarder dan het was en heb veel te veel naar de mening van anderen geluisterd in plaats van naar mijn eigen instinct. Ik stond er toen nog helemaal niet bij stil dat dit de normale rollercoaster van emoties is die elke nieuwe moeder ervaart. Ieder van ons maakt zich zorgen of we het goed genoeg doen of niet.

Een jaar of twee nadat ik bij ze was ingetrokken, begon Dean me mama te noemen. Dit was zijn eigen keuze en nog steeds een van de mooiste momenten uit mijn leven. Het was een cadeau dat alleen hij kon geven, maar het was ook heel fijn voor hem. Dean voelde zich nu meer als zijn leeftijdsgenootjes en ik voelde me meer zoals de andere moeders. Ergens bij horen heeft nog nooit zo goed gevoeld.

Ik wil er geen afbreuk aan doen, maar ik heb me nooit goed gevoeld bij de titel 'stiefmoeder' of 'bonusmoeder'. Een beetje door het (oneerlijke) beeld van stiefmoeders waar ik mee opgegroeid ben, maar vooral omdat ik inzag dat dat Dean niet ten goede zou komen in verhouding tot zijn broertjes en zusje. Ik weet dat er genoeg stief- en bonusmoeders en -vaders zijn die net zoveel van hun kinderen houden en ze net zo goed opvoeden als ik (misschien zelfs meer en beter) en die titel met trots dragen, maar ik wilde de rol van zijn moeder volledig en zonder compromissen omarmen. Daarmee kon ik Dean laten zien hoe belangrijk hij voor mij was en hoe graag ik er voor hem wilde zijn. Op zo'n jonge leeftijd je moeder verliezen is al pijnlijk genoeg, ik wilde niet dat het voor hem nog pijnlijker zou worden door voor hem alleen een stiefmoeder te zijn, terwijl ik voor zijn broertjes en zusje een 'moeder' was.

Nu ik wat meer ervaring heb, realiseer ik me dat er totaal geen verschil bestaat tussen de moeder die ik voor Dean ben en de moeder die ik voor zijn broertjes en zusje ben. Ik heb in het begin wel iets harder moeten werken om een band met hem op te bouwen (dat was nu eenmaal fysiek wat minder instinctief dan met een pasgeboren baby'tje) en mijn eigen onzekerheden de mond te snoeren, maar de jaren die volgden hebben me in laten zien dat onze band heel normaal is. En die rol met Guusje te leren delen gaf veel meer voldoening dan ik ooit had kunnen denken. De ervaringen die ik heb met mijn eigen kinderen hebben me de perfecte spiegel voorgehouden waarin ik mezelf, zonder twijfel, als een moeder van vier zie. Zelf zwanger zijn en bevallen deed me beseffen wat ik niet had meegemaakt met Dean, maar in plaats van een gevoel van verlies en gemis zag ik hierdoor alleen maar meer in hoe sterk en speciaal onze band is. *I am a mother.* Geen extra beschrijving nodig.

Vandaag de dag zijn we een normaal, gelukkig gezin met twee moeders aan het hoofd en in het hart, maar dat Instagrambericht maakte me duidelijk dat niet iedereen dit begrijpt en ik ben gaan accepteren dat het niet mijn taak is om te zorgen dat mensen het wel begrijpen. Na vijftien jaar waarin ik elke dag, elke uur Deans moeder ben geweest, vragen mensen me nog steeds hoeveel kinderen ik heb en als ik dan trots 'vier' zeg, reageren ze vaak met: 'Nee, ik bedoel je échte kinderen.' Dat is pijnlijk, maar ik trek het me niet meer persoonlijk aan. Ik weet inmiddels dat zoiets niet over mij gaat en dat het niet bedoeld is om me te kwetsen. Het herinnert me eraan dat onze maatschappij er nou eenmaal op gericht is om alles en iedereen in hokjes te plaatsen, zelfs als het niet past.

Ik zie juist hoe mooi en bijzonder het is wat wij hebben. Toen Dean klein was vertelde ik hem vaak dat zijn moeder heel veel van hem hield, maar dat ze naar de hemel moest en daarom aan mij had gevraagd of ik op hem wilde passen. Ik vertelde hem hoe vereerd ik was en hoe bijzonder het was dat hij twee mama's had die allebei zoveel van hem hielden. Dit geloof ik vandaag de dag nog steeds.

Toen ik eenmaal wat gekalmeerd was, besloot ik om toch op het bericht te reageren. Niet om mezelf uit te leggen, maar omdat ik haar woede wilde ontmoeten met vriendelijkheid. Ik begon met me te verontschuldigen voor het feit dat mijn bericht over de liefde voor mijn zoon haar zo van streek had gemaakt. Mijn intentie is namelijk altijd om mensen te inspireren, niet om ze boos of verdrietig te maken. Ik vertelde haar ook dat wij in ons gezin geen geheimen hebben. Dat ik niets dan liefde en respect voelde voor zijn

biologische moeder en dat we allemaal vrede hadden met het idee dat dit jongetje door twee liefhebbende moeders werd opgevoed.
Ze reageerde met een bericht dat haar moeder dat jaar plotseling was overleden en dat haar vader een paar maanden later, op zijn eigen sterfbed, had bekend dat hij niet haar echte vader was. Zo stond van het ene op het andere moment haar leven op zijn kop. Alles waarin ze altijd had geloofd bestond opeens niet meer en er was niemand om dit mee te delen, omdat ze enig kind was en nu dus ook nog wees.

Dit was de pijn die ik in haar eerste bericht tussen de regels door gelezen had en de oorzaak van haar woede. Ik begreep het compleet. Haar hele leven was op zijn kop gezet doordat twee mensen besloten hadden om tot het laatst mogelijke moment een geheim te bewaren. Een geheim dat ze eigenlijk niet hadden mogen bewaren. Ik geloof dat we allemaal moeten roeien met de riemen die we hebben. Ik wil dan ook graag geloven dat haar ouders dachten dat dit het beste voor hun dochter was. Met de intentie om haar te beschermen, maar met catastrofale gevolgen. Een emotionele tijdbom die zomaar even in haar leven gedropt werd en die zoveel pijn en woede achterliet dat ze overal naar antwoorden zocht, zoals bij vreemden op het internet, zoals bij mij.

Toen ik haar verhaal eenmaal kende was ik zo blij dat ik niet impulsief gereageerd had. Opgelucht dat ik niet had geantwoord vanuit mijn eigen pijn of verdriet, hoe verleidelijk dat ook was. Ik was blij dat ik mezelf de tijd gegund had om wat dingen op een rij te krijgen, want daardoor kon ik haar compassie en een vriendelijk woord bieden in plaats van de kilheid die ik eerder had gevoeld.

Toen ik met liefde en begrip contact met haar zocht, begon zij ook in te zien dat haar bericht helemaal niet over ons ging. Ze had gewoon gedaan wat zoveel mensen doen als ze pijn lijden: ze richtte die pijn op anderen in plaats van dat ze bij zichzelf te rade ging. Ze begreep dat ze boos was op haar eigen moeder en niet op mij. Dat ze verdriet had en dat op ons had geprojecteerd, omdat ze letterlijk geen andere plek had om het neer te leggen. Ze bood haar verontschuldigingen aan. Ik accepteerde die.

De berichten die wij die avond uitwisselden verstoorden mijn rust en kostten me energie, maar ik zag ze vooral als een geschenk. Het was voor ons allebei een confronterende uitwisseling geweest die tot nadenken stemde, maar ik weet zeker dat we er allebei iets aan hebben gehad. Er was erkenning voor haar rouwgevoelens en het droeg misschien zelfs wel bij aan haar herstel. Ik hoop dat ze er nog eens over na heeft gedacht wat het betekent om vader of moeder te zijn. Gaat het om de naam en het DNA, of om een leven vol liefde en zorg? Voor mij was het een reminder om open en liefdevol te blijven. Een bevestiging van het feit dat niets persoonlijk is en dat liefde uiteindelijk altijd het antwoord is. Het herinnerde me aan mijn eigen zwaktes, maar ook aan mijn kracht. Aan het feit dat vanuit liefde reageren, zelfs op de mensen die ons kwetsen, de enige manier is om niet alleen onszelf, maar ook de wereld te herstellen.

Boven alles werd ik eraan herinnerd hoe intens verliefd en trots ik ben op mijn kinderen, op alle vier. Ze hebben dan wel niet allemaal in mijn baarmoeder gezeten, maar ik draag ze allemaal in mijn hart. Er is niets of niemand die dat kan veranderen. Ik ben moeder en dat is mijn grootste leerschool, uitdaging, trots en geschenk. Ik ben dankbaar.

I'm glad we've begun to raise our daughters more like our sons, but it will never work until we raise our sons more like our daughters

– *Gloria Steinem*

For
Dean
Jimi
& Che

LIEVE JONGENS,

Omdat dit boek vooral over mijn liefde voor vrouwen gaat, hoop ik niet dat jullie denken dat dat de enige plek is waar mijn hart ligt.

Zoals jullie weten ben ik een gepassioneerde feminist en supporter van vrouwen (jullie hebben tenslotte al die avonden aan de keukentafel naar mijn gloedvolle betogen moeten luisteren) en dus vind ik het belangrijk dat jullie weten dat ik evenveel een feminist ben voor jullie als voor mezelf en voor jullie zusje. Voor mij betekent feminist zijn dat ik voor gelijke rechten en kansen voor iedereen ben, dus voor vrouwen én voor mannen. En hoewel ik droom van een tijd waarin deze term niet meer nodig zal zijn, geloof ik dat het tot die tijd superbelangrijk is dat ik alert en actief ben, ook in mijn gesprekken met jullie.

Mijn reis naar feminisme heeft mijn ogen geopend en heeft me laten zien met wat voor problemen vrouwen wereldwijd te maken hebben: in het verleden, het heden en de toekomst. Wat ik heb gezien, gevoeld en geleerd heeft zowel angst als moed voor jullie zusje in me aangewakkerd en me tegelijkertijd doen inzien hoe moeilijk het ook voor jullie zal zijn om de cirkel te doorbreken.

De wereld is namelijk niet in balans. Over het algemeen zijn mannen nog steeds de baas en het concept van mannelijke superioriteit is niet alleen een bedreiging voor mijn geluk als vrouw, maar ook dat van jullie. Het is wellicht zelfs een gevaar, omdat dit idee jullie onder druk zal zetten (als jullie die niet nu al ervaren) om een MAN te zijn. Ik doel niet op de jonge mannen die jullie nu zijn, de personen die jullie zijn, maar op het type man waarvan de wereld verwacht dat je dat WORDT.

Om de best mogelijk versie van jezelf te worden moet je begrijpen dat een man zijn vandaag de dag nogal wat vanzelfsprekende voordelen met zich meebrengt. Dit heet mannelijk privilege. Als jullie goed kijken, zullen jullie het gaan zien, maar zelfs als dat niet zo is, zullen jullie er toch je voordeel mee doen. Mannelijk privilege is zowel een gaspedaal als een rem, iets dat je even snel op een voetstuk plaatst als je er weer vanaf gooit. Een onzichtbare kracht die je aan de ene kant allerlei kansen geeft en het onterechte idee dat je recht hebt op van alles, maar aan de andere kant vrouwen benadeelt en ook vaak alles wat zacht en gevoelig is uit je slaat. Privilege lijkt in de eerste instantie misschien een goed uitgangspunt, maar wanneer je begrijpt wat voor helft van de wereldbevolking de keerzijde ervan inhoudt, zullen jullie beseffen dat het voor mannen spiritueel gezien een giftig concept is. Daarom geloof ik dat een taak van ons allemaal is om ervoor te zorgen dat er balans ontstaat. Niet de een boven de ander. Evenwicht. Harmonie. Gelijkheid voor iedereen. En als jullie dat met me eens zijn – ha! –, geloof het of niet, dan zijn jullie ook feministen.

Ik begrijp dat dit misschien nogal ongemakkelijk is om te lezen. Mijn woorden voelen misschien zelfs als een aanval (veel mannen ervaren dat zo), maar dat is absoluut niet mijn bedoeling. Alles wat ik zeg, zeg ik uit liefde en geloof. Geloof in wie jullie zijn.

Het zal niet gemakkelijk worden. Soms zal het lastig zijn om te weten waar je moet beginnen. Maar als jullie daaraan twijfelen, zou ik jullie aan willen raden om even terug te kijken naar waar jullie vandaan komen en dan zal alles meteen een stuk duidelijker worden. Ik bedoel natuurlijk niet de plaats waar je bent opgegroeid, maar de familie en het hart waar je deel van uitmaakt. Liefde is altijd jullie basis geweest en dat zal altijd bij je blijven. Als jullie zoekende zijn of op je bek gaan, onthoud dan hoe we samen gelachen, gehuild en geknuffeld hebben. Onthoud hoeveel liefde er tussen ons is. Denk aan hoe goed het voelde om omringd te zijn door mensen die je accepteerden, zonder voorwaarden of oordeel. Weten jullie nog hoe het voelde om mij in vertrouwen te nemen en me te vertellen wat jullie voelden? Over jullie angsten en dromen? Weten jullie nog hoe ik luisterde en jullie vasthield en jullie advies gaf? Toen konden jullie zacht en eerlijk zijn, dat kunnen jullie nu ook.

Opgroeien is voor iedereen moeilijk, maar het goede nieuws is dat ik jullie ken. Echt KEN, dus wees alsjeblieft nooit bang om jezelf te zijn. Jullie zijn lief en sterk. Jullie zijn emotioneel en veerkrachtig. Jullie zijn gecompliceerd, simpel en kwetsbaar. Jullie zijn mijn inspirerende zonen en ik ben zo trots op jullie. Het feit dat ik jullie zo goed ken, vormt de basis voor mijn rotsvaste geloof in de kwaliteiten van de man.

Ik moet toegeven dat ik soms ook boos ben op de dingen die mannen doen, maar ik begrijp dat jullie niets aan die boosheid hebben. Ik probeer in plaats daarvan het grotere plaatje te blijven zien. De wereld gaat veranderen en mannen zullen uiteindelijk hun macht moeten delen. In de loop van de tijd gaan we ook allemaal anders kijken naar vrouwen en hun waarde en positie in de wereld. De vooruitgang is gelukkig niet meer te stoppen. Maar ik denk dat het belangrijk is om te beseffen dat mannen ook lijden. Soms bewust, soms onbewust, maar net als vrouwen gaan ze ook gebukt onder het gewicht van verwachtingen en druk door de wereld. Voor mij als jullie moeder is dit een zeer pijnlijk besef dat ik liever ontken. Ik zou bij voorkeur de donkere kanten van het leven negeren door mijn kop in het zand te steken, maar dat is geen optie. Ik zie het beste in jullie en daarom is het mijn doel om jullie alle liefde en zelfvertrouwen te geven die jullie nodig hebben om zonder wat voor beperkingen dan ook aan jullie gevoel te werken. Om jullie het gereedschap te geven dat jullie nodig hebben om de meest eerlijke en beste versie van jezelf te worden, wie dat ook mag zijn. Uiteindelijk wens ik voor jullie een veilige omgeving, net zoals toen jullie nog baby'tjes in mijn armen waren.

Het goede nieuws is: *times are a-changing*. En hoewel het zou kunnen voelen alsof de wereld van vandaag de dag tegen je is, geloof me, dat is niet zo. Het verleden moet erkend worden en verandering komt nooit zonder uitdaging, maar dit momentum zal je ook helpen. Vrouwen zijn aan het breken met de verwachtingen die de maatschappij al duizenden jaren van ze heeft en sommige (jonge) mannen voelen zich daardoor gepasseerd. Ik begrijp het wel. Het lijkt wel alsof er een soort vacuüm wordt gecreëerd in de media door *feminism,* #MeToo en *female empowerment* waardoor we mannen zijn vergeten. Maar wij zijn jullie niet vergeten. Ook jullie zijn gemaakt om te zijn en te schitteren.

Gelukkig zijn jullie gezegend met veel positieve en liefdevolle mannelijke rolmodellen, zoals papa en elkaar. Begrijp alsjeblieft wat voor geschenk dit is en neem elkaar nooit voor lief. Zoek vrienden uit bij wie jullie je veilig en gewaardeerd voelen, vrienden die jullie inspireren. Jullie leven in spannende tijden. Er hangt verandering in de lucht! Er is een revolutie gaande over wat het betekent om man, vrouw of geen van beide te zijn. Dompel je daarom onder in de verhalen van anderen. Luister, luister en luister dan nog wat meer.

Laat je alleen inspireren door het beste van het beste en wijs alles af waarvan je denkt dat het niet bij je past, zelfs als dat betekent dat je een eenzamer en minder gebaand pad inslaat.

Zijn jullie leiders of zijn jullie volgers? Of misschien *none of the above*? De keus is volledig aan jullie, maar doe me een plezier en blijf altijd dichtbij jezelf en volg je gevoel. Je hart is je kompas. Luister ernaar. Boven alles wil ik dat jullie gelukkig zijn, op welke manier je ook geluk ervaart en daarom zeg ik: wees niet verward over de mix van emoties die je misschien voelt. Het is de bedoeling dat je gevoelig bent. Er is niet één juiste manier om te zijn. Je hoort te huilen en je mag experimenteren en ontdekken wie je bent. Het is jullie lot om lief te hebben, net zoals dat mijn lot is. Wees trots op je eigen mannelijkheid, met de nadruk op EIGEN. Bouw, gebaseerd op wat jij gelooft en doet, het soort broederschap waar je zelf onderdeel van zou willen zijn. Onderzoek de eindeloze mogelijkheden van je eigen leven en laat dan de geluiden van de buitenwereld vervagen om naar je hart te luisteren. Dan zul je weten wie je wilt worden.

Ik heb mijn best gedaan om jullie met mijn woorden en daden te laten zien dat vrouwen zowel gevoelig als veerkrachtig zijn, zowel emotioneel als sterk. Ik ben voor jullie de allerzachtste, maar zal als dat moet voor jullie vechten als een leeuwin. Dus laat jullie niet wijsmaken dat vrouwen het zwakkere geslacht zijn. Vergeet niet dat vrouwelijke kracht de kracht is die jullie op deze planeet heeft gezet en dat diezelfde vrouwelijke kracht in jullie hart zit, net zoals er iets mannelijks in het mijne zit.

Als je dit in je achterhoofd houdt, zul je je herinneren dat vrouwen je gelijke zijn en ze ook zo behandelen. Een spirituele spiegel waar jullie diep en respectvol in moeten kijken, zodat jullie hun en jezelf niet te kort doen. Blijf scherp en kritisch, jongens. Zelfs met de beste intenties kan het zo zijn dat je tijdelijk verblind wordt door dingen die buiten jullie (of mijn) macht liggen. Onthoud dat je vrouwen pas echt respecteert als je ze ALLEMAAL respecteert en niet alleen degene met wie je een band hebt of tot wie je je aangetrokken voelt. Als je dit toch moeilijk vindt, denk aan de vrouwen van wie je houdt, en gebruik je eigen ervaringen als een gids om je te begeleiden en vergeet nooit: álle gezinnen zijn belangrijk. Jouw gezin is niet het enige dat ertoe doet.

Behandel alle mensen met dezelfde vriendelijkheid en hetzelfde respect waar je zelf mee behandeld wil worden. Als er één les is waarvan ik wil dat jullie die leren is het deze.

De wereld is geen simpele plaats en niets is zeker, maar er is één ding waar jullie altijd op zullen kunnen rekenen en dat is mijn liefde, zo oprecht en sterk als maar kan. Als iemand zoveel van jullie houdt als ik, dan ben je nooit echt alleen op de wereld. Onthoud dat jullie altijd om hulp kunnen vragen als jullie die nodig hebben. Jullie staan er niet alleen voor en hoeven niet alles zelf op te lossen. Wees het soort man dat deze boodschap verspreidt onder anderen, maar ook bij jezelf. Dat is waar echte integriteit en kracht in zit. Dit is het soort man waarvan ik weet dat jullie dat zijn.

Lieve jongens, de stem van jonge vrouwen wordt steeds luider. Het is bijna het moment om ook jullie stem te laten horen. Ik kan niet wachten om te horen wat jullie te zeggen hebben, ik weet zeker dat jullie me trots zullen maken.

Liefs,
Mama
X

Talk to yourself like someone you love

– Brene Brown

Forgive and FORGET

IK STA VOOR DE SPIEGEL EN SPREEK MEZELF TOE.
Ik spreek hardop, met overtuiging, mijn nieuwe manifesto.

'Lucy, je dochter is oké. Jij bent oké.
Je hebt een fout gemaakt. Het gebeurt.
Je gaat het 'm niet nog een keer maken.
Je doet het goed.
Het is oké.
Let it go.'

Have I lost my mind? Nee, ik heb 'm eindelijk gevonden.

Die ochtend was ik gevallen met de fiets, met mijn dochter achterop. Het ene moment genoten we van de zon en de wind in ons haar, het volgende moment lagen we op straat. Geplette aardbeien, gruwelijk over het asfalt gesmeerd, en het gedraaide wiel van mijn fiets als enige indicatoren van wat was misgegaan.

Het was een stomme fout, een *beginner's mistake*. Voortgekomen uit ongeduld en haast die alleen een moeder kent. Een te zware, te volle boodschappentas op het stuur en een gekke beweging van madammeke achterop. Zo gaan de meeste dingen mis toch? Niet met opzet maar met kleine factoren die samenkomen op precies het verkeerde moment.

Gelukkig kon ik het grootste deel van de klap zelf opvangen. Ik kreeg een paar grote blauwe plekken op mijn benen en iedereen om ons heen was heel erg geschrokken, maar verder *no real harm done*. Maar toch baal je er als moeder enorm van. Je beseft ineens zo goed dat je je allerallerliefste geschenk in gevaar hebt gebracht. Je ratio zegt: ongelukjes gebeuren, fouten maakt iedereen. Eén keer mag, als het daar maar bij blijft. En weer door! Maar toch was mijn moederhart verzwaard.

We waren snel weer veilig thuis, maar de gebeurtenis spookte de hele middag door mijn hoofd. Als een pijnlijke slow-motionvideo op repeat. De val, de fout, mijn dochter... Het gemene stemmetje dat fluisterde: 'Wat als...?' 'Stel je voor...?' En elke keer draaide mijn maag zich om. Mijn dochter was oké. Mijn fiets was heel... het was geen ramp. Maar toch kon ik het niet loslaten.

Het continu afspelen van situaties en emoties in mijn hoofd is niet nieuw voor mij. Mezelf straffen voor iets dat ik niet meer kan veranderen, doe ik vaak maar deed ik nog vaker. Vroeger bleven grote en kleine gebeurtenissen, gesprekken en fouten lang bij me en dan ging ik in gedachten terug naar de plaats delict, en terwijl ik het incident in gedachten langzaam herhaalde, zocht ik vergeefs naar aanwijzingen die ik gemist had. Wat had ik anders had kunnen doen? En waarom heb ik het niet anders gedaan?

Ik vroeg me af waarom ik zo streng voor mezelf ben. Waar ik mijn kinderen en mijn vrienden liefdevol kan adviseren om dingen 'gewoon' los te laten, heb ik lange tijd een onvermogen en terughoudendheid gevoeld om sommige dingen te laten gaan. Gekkenwerk.

Ik denk dat het soms makkelijker is om te blijven hangen in negatieve energie. Het voelt bekend, vertrouwd en op de een of andere gekke manier troostend om die innerlijke hongerige, kritische stem niet alleen gelijk maar ook nieuwe brandstof te geven. Alsof je boete doet en daarmee iets goed maakt. Ook misschien de reden dat we vaak de ene vervelende opmerking onthouden in plaats van de vele complimenten die we ook krijgen.

Vroeger werd ik het liefst bevrijd van deze emotionele geseling door de kalmerende, bemoedigende woorden van anderen. Een *pick-me-up shot* van bevestiging. Maar deze keer wilde ik iets anders dan dit overbekende worstelen met mezelf. Ik weet dat ik een goede moeder ben, maar geen perfect wezen. Ik maak fouten en dat is oké. Maar fouten die een minuut duren, hoeven niet een hele dag in beslag te nemen. Wie heeft daar bovendien tijd voor? Het was tijd om een andere aanpak te proberen, niet alleen omdat het anders een verspilling was van mijn kostbare energie, maar ook als een noodzakelijke oefening in zelfliefde. Ik wilde gewoon mezelf de nodige (en verdiende) compassie en vergeving kunnen geven.

Dus ik sprak mezelf toe.
'Lucy, je dochter is oké. Jij bent oké
Je hebt een fout gemaakt. Het gebeurt.
Je maakt 'm niet nog een keer.
Je doet het goed.

Het is oké.
Let it go.'

De film op repeat en de geluidsband met 'wat als' leken te vertragen. Ik herhaalde het nog één keer, rustig en met liefde zoals ik zou praten tegen mijn kind.

'Lucy, het is oké.
Je hebt een fout gemaakt. Het gebeurt.
Je doet het goed.
Let it go. '

Ik voel mijn woorden diep van binnen landen. Ik laat los. Ergens beneden hoor ik iemand roepen: 'Mama?' Ik kijk mezelf nog een keer resoluut aan: 'Je doet het goed.' Dan draai ik me om, *duty calls.*

For the ones
you love, break
yourself open.
Not apart

Like most of the women I know

NET ZOALS DE MEESTE VROUWEN DIE IK KEN, ben ik een beschermer. Een verzorger. Een krijger en een gever.

Ik heb ook een aangeboren talent voor om de behoeftes van degenen van wie ik houd boven die van mezelf te plaatsen. Geven is al zo lang een vast onderdeel van mijn liefdesrepertoire dat het bijna instinctief gaat. Niet zoals een tweede natuur, meer als mijn eerste.

Het is heel dubbel omdat ik geloof dat het een kracht is als je kunt geven zonder dat je iets terugverwacht. Maar net als met zoveel dingen, kan het schadelijk worden op het moment dat je te veel de ene of de andere kant op beweegt. Als vrouw en nog meer in mijn rol als moeder heb ik een soort elastiekjes-achtig vermogen ontwikkeld om te rekken en rekken, te geven en lief te hebben en wat meer te geven, totdat ik uiteindelijk, onvermijdelijk, mezelf overbelast. Dan ben ik moe en slap en uit vorm; wat eerst mijn kracht was, wordt dan plotseling mijn zwakte. Mijn achilleshiel.

Dit gebeurt natuurlijk niet van de ene op de andere dag, maar is eerder het resultaat van iets wat ik langere tijd achter elkaar subtiel, maar stelselmatig negeer. Een proces waarin ik, onschuldig en met de beste bedoelingen, mijn toewijding aan liefde en plicht om te zorgen verwar met een legitieme en zelfs eervolle reden om mijzelf en mijn behoeftes en verlangens te verwaarlozen. Het klinkt dramatisch, maar dat is precies wat het is, want als ik het lang genoeg doe raakt mijn geest langzaam versleten.

Het is niet zo dat ik nooit doorheb dat dit gebeurt, maar als ik er eenmaal middenin zit en geleefd word door de waan van de dag, kan het opeens snel gaan. En als dan ook nog mijn neiging om mezelf geen toestemming te geven om te rusten om de hoek komt kijken, verdwijnen mijn eigen behoeftes bijna helemaal naar de achtergrond. Ik vertel mezelf dan dat ik straks weer aan de beurt ben, op het juiste, of in elk geval een beter, moment. Maar diep vanbinnen weet ik dat dat moment niet zal komen. Het is nooit zomaar een goed moment.

Als ik maar lang genoeg wacht, het stemmetje in mijn hoofd blijf negeren en alles en iedereen voor laat gaan, zal ik mijn geest verhongeren totdat ik het uiteindelijk niet langer kan verdragen. Dan implodeer ik. Soms stilletjes, soms wat minder stil. Al mijn innerlijke alarmbellen gaan dan af en ik hang aan de noodrem van mijn emotionele achtbaan. Wanneer die ten slotte helemaal tot stilstand is gekomen en ik even de ruimte heb om weer lucht te happen, voel ik tot in het diepste van mijn hart dat ik weer eens te ver ben gegaan en dat het anders moet. Dat ik een keer aan mezelf moet gaan denken.

Als ik dit punt eenmaal bereikt heb, ben ik meestal uitgeput en ook een beetje pissig. In de eerste instantie op de mensen om me heen en daarna, wanneer ik weer een beetje overzicht krijg, vooral op mezelf omdat ik het wéér zover heb laten komen.

Ik ben op zo'n moment dan ook gefrustreerd omdat het niemand is opgevallen dat ik het zwaar had. En daarna verbijsterd over het feit dat ik überhaupt dacht dat het iemand op zou vallen. Ik ben er tenslotte zo goed in geworden om te blijven bikkelen. Elke ochtend op te staan en gewoon door te gaan. Nooit met iemand delen hoe ik me voel, maar wel stilletjes hopen dat iemand me op zal vangen, zelfs als ik zelf niet eens bereid ben om dat voor mezelf te doen. Laten we eerlijk zijn, mannen zijn geen *mindreaders* en kinderen weten gewoon niet beter. Mama kan en doet alles. Altijd. Totdat ze het ineens dus niet meer kan.

In het verleden gaf ik vaak de schuld aan de situatie of wees ik naar de mensen om me heen, maar wij vrouwen zijn meestal het slachtoffer van onze eigen kracht. Nu weet ik dat alleen ik er verantwoordelijk voor ben dat ik in die situatie ben beland en dat ik ook de enige ben die me er weer uit kan halen door op het prioriteitenlijstje mijn eigen behoeftes weer naast die van alle anderen te zetten. Om soms ook alleen voor mij te kiezen, zodat ik een betere vrouw, moeder en mens kan zijn, voor mezelf en de mensen om me heen.

Het is een even krachtig als uitdagend besef. En het blijkt makkelijker gezegd dan gedaan om wat ik geleerd heb in de praktijk te brengen en niet weer dezelfde fouten te maken. De eerste stap op de weg naar een gezonde balans is de belofte aan mezelf dat ik volgende keer niet zo lang doorga zonder aan de bel te trekken. Ik neem me voor om weer de balans te zoeken tussen mezelf helemaal geven aan degenen van wie ik houd (mijn grootste passie in het leven) en iets voor mezelf te houden.

Ik hoop dat elke terugval korter duurt en dat de tijd ertussen langer wordt. Ik streef naar vooruitgang in plaats van perfectie. Ik focus me meer op mezelf, zodat ik me bewuster ben van mijn eigen wensen en verlangens, en me meer bezighoud met de dingen die ik graag wíl doen, zodat ik de volgende keer de signalen wél oppik.

Zodat ik mijn ziel voed in plaats van haar te laten verhongeren. Zodat ik mijn vermogen om lief te hebben in stand houd zonder het uit te putten. Zodat ik, en ik hoop velen met mij, leer wanneer te geven en niet vergeet te nemen.

I don't
know where
I am going.
But I'm on
my way

The woman I am becoming

ALS IK NU, ALS VROUW VAN 41, in de spiegel kijk, zie ik eindelijk iemand die ik op een dieper niveau ken. Iemand bij wie ik me goed voel. Iemand op wie ik kan vertrouwen. En nog veel belangrijker, iemand die ik steeds beter leer kennen. Ouder worden is als een vertrouwd, vriendelijk gezicht, maar in dit geval met een nieuwe focus op en vertrouwen in mijn reis. Ik ontdek zelfs een kleine twinkeling in mijn ogen. Laten we het een ontwaken noemen.

Ik ben me ervan bewust dat het voor mensen die nog niet aan hun reis zijn begonnen of die behoefte niet voelen, misschien nogal pretentieus klinkt om het te hebben over 'de vrouw die ik word'. Maar in werkelijkheid is mezelf leuk leren vinden en mijn eigen doel en potentie onderzoeken helemaal niet zo grandioos als het klinkt. Het is eigenlijk heel geaard en aards, omdat het niets te maken heeft met de buitenwereld, maar alles met hoe diep ik in mezelf durf te keren en de wetenschap dat ik daar echt voor moest graven... Het was blijkbaar tijd om mijn handen vies te maken.

Wat ik heb gevonden tijdens die ontdekkingstochten in mezelf, is een aantal openbaringen. Openbaringen over dingen die me overkomen zijn toen ik jonger was en die krassen (en in sommige gevallen een wond) op mijn ziel hebben achtergelaten. Openbaringen over mijn krachten en talenten. En ook inzichten en (harde) waarheden over hoe ik mijn jongere zelf behandeld heb en hoe ik haar zag.

Zo lang als ik me kan herinneren ben ik streng voor mezelf geweest. Enorm veeleisend en standvastig, terwijl ik tegelijkertijd doodsbang was om te falen. Ik pushte mezelf meedogenloos om altijd mijn best te doen en ik was er kapot van als ik dan toch een fout maakte of mijn goede bedoelingen niet begrepen werden. Als ik terugkijk zie ik dat ik heel hoge verwachtingen had van de mensen om me heen, maar dat ik nóg hogere verwachtingen had van mezelf. Ik weet eigenlijk niet waar ik naar streefde, wat mijn doel was. Misschien had ik vooral behoefte aan controle? Of wilde ik dat 'perfecte' plaatje dat ik in mijn hoofd had bereiken? Ik weet het nog steeds niet. Maar wat heel duidelijk was, was dat ik gedoemd was om te mislukken, omdat ik nu namelijk weet wat ik toen niet wist: dat ik het onbereikbare achtervolgde, want perfectie bestaat niet.

Ik heb heel lang niet alleen gedacht dat perfectie bestond, maar ook dat het een heel redelijke verwachting was van het leven. Misschien kwam het door wat ik dacht dat een vrouw zou moeten nastreven of misschien was het gewoon onderdeel van mijn karakter, maar omdat ik het dus nooit echt leek te bereiken, was het een vicieuze, teleurstellende cirkel.

Ik vind het verschrikkelijk om te zeggen, maar soms voelde ik me echt een *loser*. Zo leek het voor de buitenwereld denk ik niet. Het leven overkwam mij en ik was altijd druk en succesvol, maar ik heb me heel lang gevoeld alsof ik niet goed genoeg was. Ik zocht hongerig naar erkenning, was hypergevoelig voor de mening van anderen en voelde me nergens mee verbonden of verankerd. Hoe ging ik ermee om? Mijn standaard overlevingsmechanisme was om nog strenger voor mezelf te zijn, nog meer mijn best te doen, om mezelf net dat beetje beter uit te leggen, maar het enige wat ik daarmee bereikte was dat ik elke keer een nieuwe cyclus van verwachtingen, druk en teleurstelling creëerde. Het kostte me enorm veel energie om dit vol te houden. Uiteindelijk, na een hele tijd, werd ik het zat.

Het was natuurlijk niet allemaal negatief. Ik heb altijd geweten dat ik een goed mens ben, hoewel dat op sommige momenten gewoon niet genoeg leek voor de grotere buitenwereld en eerlijk gezegd ook niet voor mezelf. In die tijd werden kwetsbaarheid en openheid niet zo gewaardeerd als nu. In mijn strijd voelde ik me alleen. Toegeven dat ik bang was, leek op dat moment geen optie voor mij. Klagen zou ondankbaar lijken. Dus ik deed gewoon alsof en had er geen idee van dat wat ik voelde heel normaal was en heel vaak voorkwam. Nu weet ik dat ongeveer iedereen een belachelijke hoeveelheid ballen in de lucht probeert te houden. Het leven is intens en we worden afgeleid van simpel geluk door alle verwachtingen die de samenleving van ons heeft. Het wordt alleen maar erger als je er kinderen, romantiek (of het gebrek daaraan), ingewikkelde familieverhoudingen, problemen uit het verleden, werkstress, gezondheidsproblemen en/of geldzorgen aan toevoegt. Met andere woorden, de achtbaan van het leven.

Deze achtbaan is een van de redenen dat ik eigenlijk alleen *content* met humor, inzicht, diepgang en/of betekenis uitkies en niet alleen maar mooie plaatjes. Ik zeg 'alleen maar' omdat ik mooie plaatjes ook mooi vind, maar om me verbonden en geïnspireerd te voelen heb ik graag het gevoel dat ik contact heb met echte, complexe, imperfecte mensen die ook maar gewoon hun best doen. Er is te veel leed op de wereld om genoegen te nemen met lege fantasieën van perfectie en door deze simpele waarheid te omarmen ben ik eindelijk aan het leren om mezelf en wie ik ben te accepteren. Met lelijke kanten en al.

Door me te omringen met echte mensen en dingen en te erkennen hoe snel de tijd vliegt, heb ik geleerd om iets aardiger voor mezelf te zijn. Het leven is simpelweg te kort, te kostbaar en soms te wreed om tijd te verspillen aan iemand worden die ik niet ben en te streven naar iets wat niet bestaat. Ik heb besloten dat ik de fouten die ik in het verleden heb gemaakt los ga laten en als ik voel dat spijt weer de kop op begin te steken, herinner ik mezelf aan de wijze woorden van Maya Angelou: 'Doe wat je kan tot je beter weet. En als je dan beter weet, doe het dan ook beter.'
Dit is wat mij betreft alles wat ertoe doet. Ik heb geleefd en geleerd met de vaardigheden die ik had. Ik heb het beste gedaan wat ik op dat moment kon. En nu ik beter weet, zal ik het beter doen. Wat kan ik nog meer van mezelf vragen?

Alle succesvolle mensen die ik ken zijn zo vaak gevallen en opgestaan, maar omdat we die verhalen nooit te horen krijgen, gaan we er meteen van uit dat iets niet voor ons is als we aan het begin op ons bek gaan. Terwijl we dat struikelen juist zouden moeten vieren! Lang leve struikelen! Vive la *stumble!* Het is misschien heel gek om te schrijven dat ik een groot voorstander ben van op je bek gaan, maar ik ben er dan ook heel goed in geworden, want het is me tenslotte al heel vaak overkomen. Maar van struikelen leer je hoe je moet lopen. En van op je bek gaan leer je hoe je weer op moet staan.

Ik zou willen dat mensen hun eigen problemen wat vaker deelden, open en met trots. Kwetsbaarheid is zo inspirerend en magnetisch, omdat het iets is wat wij, geloof ik, allemaal in ons dragen. Ik heb me gerealiseerd dat het normaal is om soms te falen en soms niet te weten waar je heen gaat, maar nog veel meer heb ik gevoeld hoe belangrijk kwetsbaarheid en de erkenning hiervan is. Door mijn zwakke plekken te zien en te delen kan ik me ontdoen van die mythische perfectie en heb ik ontdekt dat ik niet alleen medelevender en zorgzamer voor anderen kan zijn, maar ook voor mezelf. Als ik in het verleden weleens las over ontwikkeling en groei, hoorde ik mensen vaak praten over de vlinder die je kon worden, maar niet zo vaak over de rups die je dan eerst moest zijn of, misschien wel belangrijker, de transitionele fase ertussenin. Die fase is even magisch als grillig en bovendien de plek waar al het echte werk wordt gedaan.

Lange tijd, midden in de chaos van mijn dagelijks bestaan, deed ik gewoon wat ik moest doen, maar het voelde toch vaak alsof het leven mij leefde in plaats van andersom. Pas toen ik geïnteresseerd raakte in een wat betekenisvoller leven en echt de tijd nam om na te denken over wat voor soort mens ik wilde worden, begon mijn eigen cocon zich te openen.

Het lijkt misschien alsof die jaren in mijn cocon verloren jaren waren, maar dat is precies het punt. Niets is ooit zonder reden. Ik ben inmiddels al heel veel verschillende versies van mezelf geweest en die waren allemaal noodzakelijk om uiteindelijk de beste versie van mezelf te kunnen worden. Leven, leren, liefhebben en ervaring opdoen totdat ik klaar ben voor de volgende stap.

Voor mij was naar binnen kijken een simpele kwestie van mijn prioriteiten op een rijtje krijgen. Me te realiseren dat mijn hart/geest/ziel het belangrijkste aan mij was en dat die leidend moet zijn bij alle keuzes die ik maak. Woorden als integriteit, liefde, doel en passie borrelen in mij op terwijl ik het zo opschrijf, omdat ik heb besloten dat dit de woorden zijn die ik in mijn leven leidend wil laten zijn. Niet rijkdom, status, verwachtingen of succes. Het voelt echt als een bevrijding. Alsof ik ben verveld en mijn oude huid, of misschien wel mijn cocon, achter me heb gelaten.

Als werkende vrouw en moeder probeer ik altijd nieuwe wegen voorwaarts te vinden die ons gezinsleven of werk niet te veel verstoren, maar ik heb gelukkig ontdekt dat er geen grote verandering nodig was.
Ik heb simpelweg besloten dat ik meer tijd ging nemen om voor mezelf te zorgen, op wat voor kleine manier dan ook, en ik heb me ook voorgenomen om mijn eigen identiteit te claimen, die niets te maken heeft met mijn rol als moeder of echtgenote. Ouderwetse Lucy-tijd. Als je een jonge, onverschrokken onafhankelijke vrouw bent, zou je kunnen denken dat het mij nooit zal over-

komen, maar het moederschap kan naast wonderlijke ook gekke dingen doen met een vrouw. Voordat je het weet, zit je in een situatie waarin je moet vechten om tijd voor jezelf te vinden. Zelfs naar het toilet gaan is niet langer heilig.

Om mijn eigen tijd terug te winnen begon ik elk jaar een paar dagen weg te gaan waarin ik weer even terug naar mezelf kon en lekker kon ontspannen. Eerst dicht bij huis, later verder weg, maar de locatie deed er eigenlijk niet toe. Het was de rust en stilte waar het me om ging.

Voor mij is tijd voor mezelf iets magisch. Er kunnen letterlijk wonderen gebeuren als ik mezelf maar de kans geef om ze te ervaren. Het geeft me de tijd, maar veel belangrijker, de ruimte om stil te staan en na te denken over waar ik sta en waar ik heen wil, alleen maar door naar binnen te kijken en te luisteren. Het brengt ook altijd een vloedgolf aan creativiteit met zich mee. Al na een korte tijd op mezelf komen de ideeën vanzelf en wat nog veel belangrijker is, ook de energie en de zin om die ideeën tot uitvoer te brengen. Het is fantastisch, alsof je letterlijk aangesloten wordt op een energienetwerk. Ik kan het dan ook niet genoeg aanraden. Het geeft de mogelijkheid om te ontsnappen aan de ruis van de buitenwereld en naar de stilte vanbinnen te luisteren. En hoe stiller het vanbinnen wordt, hoe makkelijker het is om te horen waar mijn ziel me naartoe wil leiden. Ik durf er mijn hand voor in het vuur te steken dat het voor jou hetzelfde zal zijn.

Tijdens mijn momenten van reflectie realiseer ik me dat ik al een geweldig leven geleid heb. Ik heb geen problemen, althans geen echte, zoals oorlog, onrecht, armoede, ziekte of verlies. Ik ben uitzonderlijk gezegend. Punt. Ik heb zoveel waar ik dankbaar voor ben en toch merkte ik dat er iets nog niet helemaal lekker zat. Dit had overigens niks te maken met ondankbaarheid. Het had vooral te maken met het herontdekken van de echte ik en mijn diepste, wat vergeten, verlangens. Door mijn focus meer naar binnen te richten en tijd voor mezelf hoger op mijn prioriteitenlijstje te zetten, kon ik een licht op mijn hoop en angsten laten schijnen en in gaan zien hoezeer ik mezelf tekort had gedaan. Ik ben zo lang mijn eigen ergste vijand geweest.

Me realiseren wat ten grondslag lag aan mijn rusteloosheid was precies wat ik nodig had. Want tijd voor mezelf maakte het mogelijk dat mijn ziel me eindelijk kon vertellen wat zo voor de hand lag, maar wat ik niet zag; ik miste een doel en de flow van mijn eigen vrouwelijke creativiteit. Ik had zo lang voor de mensen om mij heen gezorgd dat ik een deel van mezelf had onderdrukt. Ik was te ver gegaan. Het zoog me langzaam leeg.

Met een nieuwe helderheid en vastberadenheid ben ik wat dingen anders gaan doen. Contact leggen met nieuwe mensen, lang gekoesterde ideeën tot leven te brengen, nieuwe interesses onderzoeken en ook niet langer moeilijke of uitdagende situaties vermijden.
Deze nieuwe aanpak was natuurlijk geen toverformule. Ik was vaak gespannen en zoekende, maar ik voelde dat ik mezelf dwong om te groeien. Ik maakte stoerdere keuzes en vond ook een nieuw respect voor mezelf, wat het mogelijk maakte om met meer mildheid naar mezelf te kijken. Langzaam maar zeker kreeg ik het gevoel dat ik steeds meer veranderde in de vrouw die ik wilde zijn.

Ik heb nooit gedacht dat het makkelijk zou zijn om de beste versie van mezelf te worden. Maar ik verbaas me er nog steeds vaak over hoe moeilijk zo'n transformatie eigenlijk kan zijn. Het is inspirerend, uitdagend en het doet soms zelfs pijn, groeipijn. Ik ben ervan overtuigd dat het ongemak dat ik voelde en voel een signaal van het universum is om me in beweging te krijgen. De kosmische schop onder mijn kont die ik nodig had om verder te groeien. En misschien goed om te weten: ik word nog elke dag geschopt.

Mezelf uit die cocon worstelen voelt vaak als twee stappen naar voren, een stap terug. Het is hard werken. Het is ongemakkelijk. Soms wanneer ik net denk dat ik in mijn kracht sta en mijn licht gevonden heb, gebeurt er weer iets waardoor ik me meteen weer onzeker voel. Voor mij is angst het duidelijkste teken dat ik opschiet. In het verleden had ik dan meteen rechtsomkeert gemaakt, maar nu weet ik dat dit juist het punt is waarop ik vol moet houden en door moet zetten.

Gedurende dit proces heb ik veel dingen los moeten laten die ik over mezelf geloofde en die mensen over mij gezegd hebben. Ik moest nog eens nadenken over dingen waarvan ik dacht dat ik ze niet kon. Ik moest ook nog eens nadenken over dingen waarvan ik dacht dat ik ze wilde. Met andere woorden ik moet ik eerst nog behoorlijk wat stront ruimen voordat ik helemaal uit mijn cocon kan komen en dat gaat zoals je begrijpt niet van de ene op de andere dag. Het is me ook duidelijk geworden dat dit niet iets is wat me gaat OVERKOMEN, ik moet ervoor zorgen dat het GEBEURT. Ik heb geleerd dat een mix van echtheid, overgave en actie nodig is om te komen waar ik wil zijn. En dat pure, oprechte intentie het absolute minimum is dat ik nodig heb om ervoor te zorgen dat ik op het juiste pad blijf.

Ik groei en word ouder, maar ik geloof dat de ware groei van mijn ziel (of karakter als je dat liever hebt) alleen opzettelijk, voorzichtig en liefdevol kan worden gevoed en aangemoedigd, zoals met een pasgeboren baby of het stekje van een plant. En hoewel anderen me kunnen inspireren en helpen moet ik het toch echt zelf doen. Het lijkt te gaan over het nemen van verantwoordelijkheid voor de keuzes die ik maak en ik voel instinctief dat het gaat om de muren die ik om mezelf heb opgetrokken af te durven breken om mijn durf, nieuwsgierigheid en de pure ziel waar ik mee geboren ben, waar we allemaal mee geboren zijn, te laten zien.

Het gaat om het uitgraven en ontdekken van mijn *roots,* waar ik vandaan kom, en de verhalen uit het verleden te omarmen. Zelfs de pijnlijke. Het gaat ook over accepteren dat sommige dingen gewoon niet voor mij zijn en over het besef dat sommige dingen, hoe onverwacht ook, dat wel zijn, maar dat ik daarvoor buiten mijn comfortzone moet treden en het gewoon moet proberen. Het een kans geven. Misschien is de grootste uitdaging van allemaal wel om de manier waarover ik over mezelf denk te veranderen. *It's not easy,* maar ik ben onderweg. Vroeger was angst altijd mijn grootste belemmering geweest. Nu is het mijn katalysator.

Ik zou in elke fase kunnen denken dat ik er ben, ware het niet dat er elke keer weer een nieuwe uitdaging op de stoep staat die alles wat ik denk te weten en tot dan toe geleerd heb op de proef stelt. Of ik zit een tijdje in tevreden, rustig vaarwater als er opeens iets aan me begint te knagen. Het lijkt wel alsof je ziel, als je eenmaal begonnen bent met groeien, je daarna niet meer met rust laat. Ik ben een *work in progress* dus en ik heb er vrede mee. Met deze wijsheid op zak en mijn hart open voor alles wat komt, doe ik een stap naar voren, hoofd omhoog en kijk ik met veel optimisme uit naar wie ik straks zal zijn.

Dear Woman,
I am weary.
Are you weary too?
We have been traveling for so long.
It's not just our feet that are tired.

Sometimes we were slowed by the weight of being
on our shoulders.
Often, we were misled by our own wounded hearts.
Yet still we have come this far.
Bravely.
Resolutely.

Dear Woman,
Tell me your story, so that I might better understand mine.
And when you have spoken,
Let me lift you then,
Even just for a moment.
To help lessen your burden,
So that you may be as light as a girl once more.
And rediscover the power of your heart.
And the burning courage of your spirit.

Follow your soul. It knows the way

A fond farewell...

NOU, DAAR ZIJN WE DAN... Bijna aan het einde. Ben je er nog? Ben ik je niet kwijtgeraakt onderweg?

Voordat we afscheid van elkaar nemen, wil ik toch nog even van dit moment gebruikmaken om je het allerbeste te wensen en je te bedanken voor je tijd. Niet voor de vorm en ook niet uit beleefdheid, maar uit de grond van mijn hart.

Ik hoop dat je – nu je zover gekomen bent in mijn boek – weet dat ik oprecht ben en dat je het idee hebt dat je mij nu een beetje beter kent dan toen je begon. En weet je wat nou het grappige is? Dat ik mezelf nu ook een beetje beter ken.

Ik ben me nu meer dan ooit bewust van het feit dat het echt een privilege is om een boek te mogen schrijven. En net zoals met de andere privileges in mijn leven is het niet iets wat ik voor lief neem. Als we om ons heen kijken, is het makkelijk om te denken dat de enige mensen die een goed verhaal hebben of die de moeite waard zijn, de mensen zijn die we op onze schermpjes, in onze timelines en in de bladen zien. Maar ik weet dat ieder van jullie een verhaal heeft dat op zijn minst even waardevol is als dat van mij. Misschien lijken onze verhalen wel zoveel op elkaar dat het een beetje eng is? Of zijn ze hilarisch verschillend? Onder de streep doet het er niet toe.

Als vrouwen en als mensen zijn we allemaal met elkaar verbonden, zelfs in onze verschillen. Ik ben me gaan realiseren dat het er niet om gaat dat je ergens hetzelfde over denkt. Het gaat erom dat we onze stem überhaupt laten horen. Want als we naar elkaars verhalen luisteren, worden we eraan herinnerd hoe verbonden we eigenlijk met elkaar zijn en kunnen we op een andere manier en met meer genegenheid naar de wereld kijken. Daarom vind ik het ergens ook wel heel jammer dat dit boek zo eenzijdig alleen vanuit mij komt. Ik zou namelijk niets liever willen dan weten wat er in jouw hoofd en hart omgaat, waar je over droomt en waar je bang voor bent, net zoals jij dit nu van mij weet. Ik zou graag zien waar onze paden kruisen en uit elkaar gaan, waar onze harten elkaar onvermijdelijk zouden ontmoeten. Van vrouw tot vrouw.

Ik weet nu dat dit de drijvende kracht was die me ertoe zette om dit boek te schrijven. Daar was ik me in het begin nog niet zo bewust van. Toen was ik vooral bezig met hoe gaaf het zou zijn om mezelf met de wereld te delen. Ik zag het vooral als een uitdaging om iets compleet nieuws te doen en de mogelijkheid om een soort blijvende herinnering te creëren aan wie ik nu, op dit moment, ben. Een soort momentopname van nu, voor mijn kinderen en, als ik eerlijk ben, ook een beetje voor mezelf. Het klinkt nogal egoïstisch en dat is het denk ik ook wel, maar daarin lagen ook de zaadjes van het bescheiden idee om mijn eigen persoonlijke druppeltje liefde in de oceaan van het leven te laten vallen. Niet met de ambitie om helemaal in mijn eentje een golf te worden, maar wel met de hoop om, samen met jou, op zijn minst deel uit te maken van een lichte deining.

Vrouwen hebben altijd verhalen met elkaar gedeeld. We hebben altijd een sterke band gehad met taal en een diepe connectie met the *art of conversation.* Ondanks het feit dat we leven in een wereld die (lange tijd) ingericht was om ons stil te houden, is praten nu eenmaal wat we doen en we beginnen onze stem nu wereldwijd te laten horen. Het mooie hiervan is dat we geen boek nodig hebben om ons verhaal met de wereld te delen. Dat kan elke dag op de meeste simpele manieren. In de interacties die we hebben met de mensen die we liefhebben en met mensen die we niet kennen. In het werk dat we doen. In de berichten die we online delen en de dingen die we bouwen en later weer achterlaten. Ik hoop dat ik je heb geïnspireerd om na te denken over jouw eigen unieke verhaal en misschien zelfs om het te delen.

Ik zal er sowieso naar luisteren.

Liefs,
Lucy

A few things I wished I'd known when I was younger:

16 Only you can rescue you.

17 If you don't yet have the knowledge, then don't yet have an opinion.

18 Things don't get better.
YOU DO.

Books
I have read
and loved

◊ Een nieuwe Aarde • **Eckhart Tolle**
◊ Wat ik zeker weet • **Oprah Winfrey**
◊ The Truth Will Set you Free, But First It Will Piss You Off!: Thoughts on Life, Love and Rebellion • **Gloria Steinem**
◊ De Ontembare Vrouw • **Clarissa Pinkola Estes**
◊ Ik weet waarom gekooide vogels zingen • **Maya Angelou**
◊ Het Licht tussen ons / Tekens zijn overal • **Laura Lynne Jackson**
◊ I've Been Thinking... Reflections, Prayers and Meditations for a Meaningful Life • **Maria Shriver**
◊ Untamed: Stop pleasing, start living • **Glennon Doyle**
◊ Het jaar van magisch denken • **Joan Didion**
◊ Eten, bidden, beminnen / Big Magic • **Elizabeth Gilbert**
◊ The Woman I Wanted to be • **Diane von Furstenberg**
◊ De vier inzichten • **Don Miguel Ruiz**
◊ Alles wat ik niet kan zeggen • **Emilie Pine**
◊ The Beauty Myth • **Naomi Wolf**
◊ We moeten allemaal feminist zijn • **Chimamanda Ngozi Adichie**
◊ Wat Baal Ik Van Mijn Hals En Andere Gedachten Over Vrouw-Zijn • **Nora Ephron**
◊ Wild • **Cheryl Strayed**
◊ Over schoonheid • **Zadie Smith**
◊ Terugkeer naar liefde • **Marianne Williamson**
◊ Wild Embers • **Nikita Gill**
◊ Drie Vrouwen • **Lisa Taddeo**
◊ All Along You Were Blooming • **Morgan Harper Nichols**
◊ Melk & Honing / De zon en haar bloemen • **Rupi Kaur**
◊ On Becoming Fearless: A Road Map for Women • **Arianna Stassinopoulos Huffington**
◊ Inferior: The true power of women and the science that shows it • **Angela Saini**
◊ Mannen leggen me altijd alles uit • **Rebecca Solnit**
◊ De Vrouwelijke Hersenen / De Mannelijke Hersenen • **Louann Brizendine**
◊ De Glazen Stolp • **Sylvia Plath**
◊ The Seeker's Guide: Making Your Life a Spiritual Adventure • **Elizabeth Lesser**
◊ Feminism is for Everybody • **Bell Hooks**
◊ Diving Bell & the butterfly • **Jean-Dominique Bauby & J.Leggatt**
◊ De 7 spirituele wetten van succes • **Deepak Chopra**
◊ Beminde • **Toni Morrison**
◊ De logica van geluk • **Mo Gawdat**
◊ Een kamer voor jezelf • **Virginia Woolf**

Dear Mother,
I haven't forgotten you.
You are in my each and every embrace.
I'm working my way back to you.
Give me time.
I am on my way.

♥

She
looks to the
future and
smiles

THANK YOU

Dinand, Dean, Jimi, Che & Leia:
voor jullie unconditional liefde en dagelijkse inspiratie.
Jullie zijn mijn 'why'.
Sladjana Labovic: voor je visie, geloof, talent en
vooral voor je vriendschap. Je bent een cadeau.
Willemijn Lindhout: voor je 'expert eye', warmte
en inzicht. Het was een genoegen.
Charlotte, Antje & Unieboek | Het Spectrum: bedankt
voor jullie toewijding en ondersteuning.
Alexandra @studiobalthazar: voor het tot
leven brengen van mijn droomlay-out.
Didi Hoogerwerf voor jouw kennis van en hulp bij
Nederlands-Engels taal-'conundrums'.
Leila de Jager: voor het meelezen en
de bemoedigende woorden.
Jouke Bos & Jetteke van Lexmond voor
jullie 'magic touch' (weer).